気づき力で変化をキャッチ

ちょっと先読む メンタルヘルス

夏目 誠 著

中央労働災害防止協会

はじめに

変化し続けるメンタルヘルス不調とストレスチェック制度

労働安全衛生法が改正され「ストレスチェック制度」が50人以上の企業に義務付けられることとなった。なぜ、いま、ストレスチェックなのか。それは職場でメンタルヘルス不調者が増加し、職場関係者はその対応を求められ苦慮しているからであろう。不調の内容も要因も「過剰ストレス・過重労働」によるものや「現代型うつ病」、「適応障がい」、「発達障がい」とさまざまである。ストレスチェック制度の創設は、職場関係者の対応の手助けやサポートにつながる。

“変化”に気づき、対応できるように執筆した

私は、メンタルヘルス不調者の増加を、グローバル・スタンダードの浸透に伴う世界的競争や技術革新の激化に伴い、それに対する企業経営や社員の対応が変化し続けているためと考察した。増加ばかりでなく、不調の要因や様相も変わってきている。

本書は、こうした対応を余儀なくされ悩んでいる職場関係者のために、ヒントとなるこ

とを意図して執筆した。すなわち事例や対処の一例を読むことで、変化をキャッチする〝気づき力〟が備わるように工夫した。

43事例でイメージでき、81図表でポイントを把握できる

〝気づき力〟と〝対応力〟がつくよう、まずリアルでバラエティーに富んだ41のケースを提示し、さまざまなパターンや流れを紹介した。また内容は職場関係者からの視点を中心にしたので、イメージがしやすく、気づきから対応までの流れや予防を含めたポイントを把握できるようにした。さらに81の図表を用いエッセンスを示し、全体像や特徴が一目瞭然に分かるようにした。

本書は、どの章や事例から読んでいただいても構わない。章ごと、また事例も独立しているからである。まずは、関心がある、対応が必要とされているところから読んでほしい。

人事労務担当者や部下を持つ上司に

職場関係者の中で特に、読んでいただきたい方の筆頭は、人事労務担当者、管理職・上司の方々である。法律に定められた「安全配慮義務」が課せられている人で、すなわち社員のメンタルヘルス対応（ラインケアや職場復帰支援など）が責務になっている方である。

本書はその対応の際のヒントとなるだろう。

産業看護職や衛生管理者、産業医に

次に産業看護職（保健師や看護師）や衛生管理者に勧めたい。日々対応が迫られている方々であるからだ。実際に増加し続けるメンタルヘルス不調者に頭を悩ますことが多いだろう。本書の事例を読めば対応がスムーズにいくはずである。

また、産業医の先生に読んでいただければ、変化し続けるメンタルヘルスの全体像を理解する手助けになるだろう。

※本書に掲載の事例は、全て仮名とし、特定化されないよう適宜修正を加えている。

もくじ

第2章 変貌し続ける社員の現状……43

第3章 企業における大きな変貌……89

第4章 増加する「現代病」への対応……147

第5章 ストレスチェック制度

第1章

心身のSOSをキャッチしよう！

メンタルヘルスの不調の初期には、ある継続した特徴があらわれる。これに早期に気づくことがポイントだ。自分や家族、職場の部下や同僚の心身のSOSを早めにキャッチするために〝シンドローム〟の活用を紹介する。

1　〝SOS〟サインに気づく

対策の第一歩は早期発見。でも難しい！

「メンタルヘルス」で大事なのは、「メンタルヘルス不調（以下、メンタル不調）」状態への「気づき」である。ポイントは**図1**に示したように、心身が出す〝SOS〟サインに気づくことである。気づきには、「セルフケア」で自らが行う場合と、家族や周囲の人の気づきの2つがある。これに活用してほしいのが**図2**に示した「シンドローム（症候群）」である。

◇「メンタル」は、見えない、形がない、数値になりにくい

一般的に「メンタル疾患」は、「身体の病気」と異なり、形や数値になりにくく、目で見えない。測定する客観的な「物差し」がないからだ。だから「早期発見」が難しい。すなわち身体の病気であれば尿や血液検査、血圧測定、心電図、レントゲン写真、MRI（核磁気共鳴装置）などで発見しやすい。それは、病気かどうか診断できる「基準値」や「画像の特徴」などの「物差し」があるからだ。

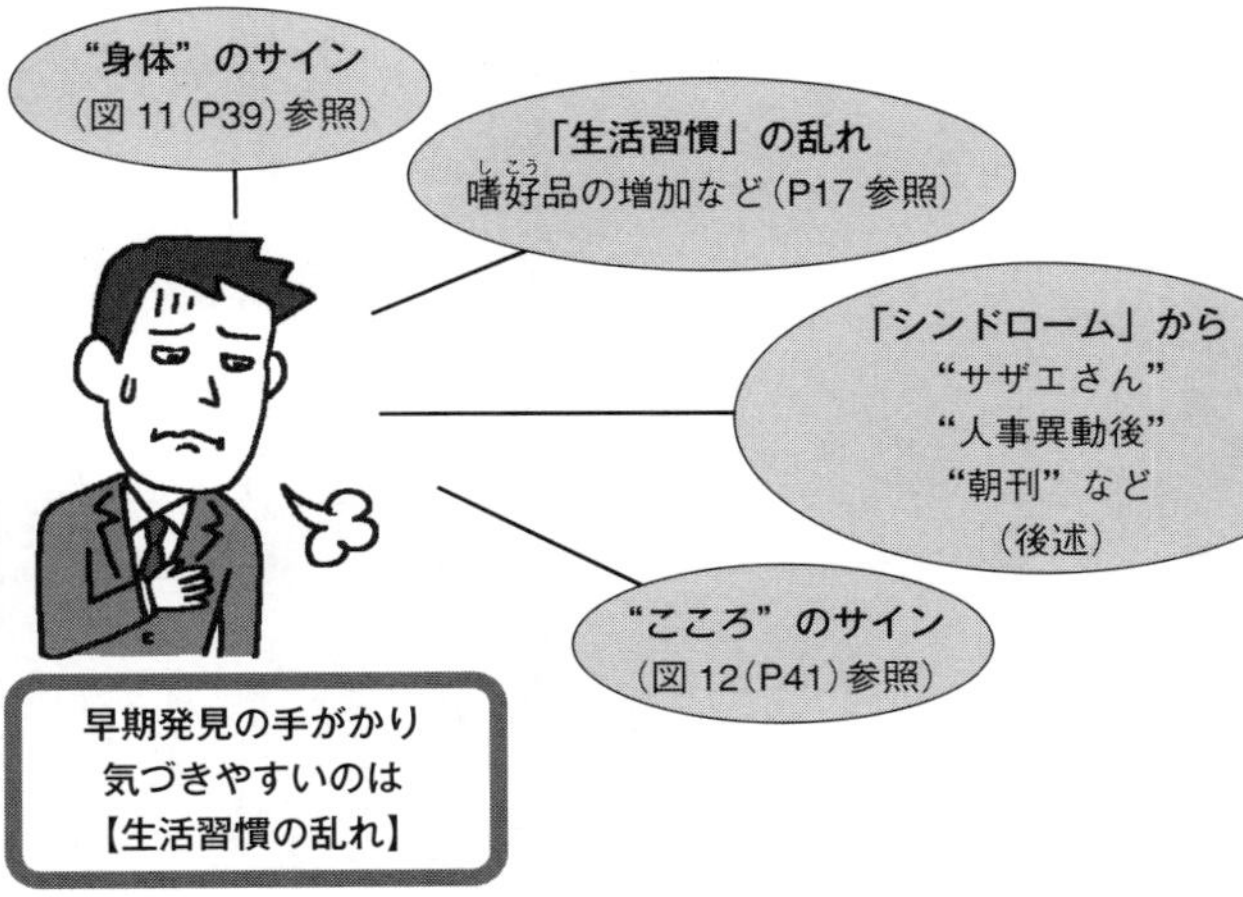

図1　サインに気づく
(図は学説と私見をもとに夏目が作成)

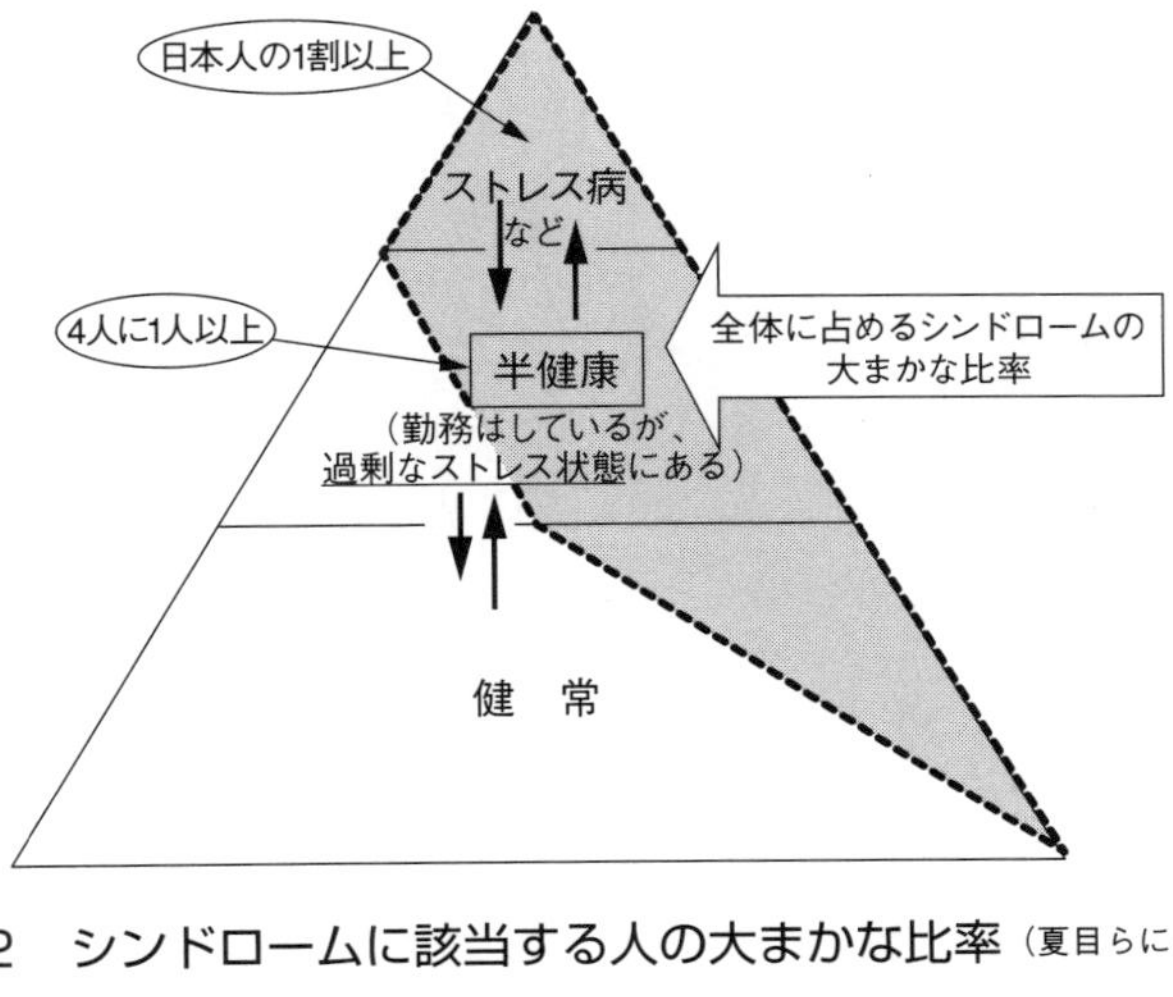

図2　シンドロームに該当する人の大まかな比率(夏目らによる)

早期発見に「症候群」を活用しよう！

シンドローム（症候群）とはいくつかの特徴ある症状をまとめ、分かりやすく命名したもの。共通するのは、日常の「行動の変化」が持続する点である。「サザエさん症候群」（日曜日の夜から、落ち込んでいく）や「朝刊症候群」（朝、新聞が読めなくなる）、「身だしなみ症候群」（化粧や身だしなみがだらしなくなる）などの、『いつもと違う感じ』の『持続』（産業医の河野慶三博士の提唱）である。

こうした兆候はイメージしやすく、理解しやすいため、メンタル不調の早期発見に活用できる。なお、図2に示したようにシンドロームは、「ストレス病」のみでなく、「過剰ストレス状態」や健常者にも見られるので、予防にとっても重要である。では、事例をもとに見ていこう。

事例1　係長に昇進した山田さん（仮名）

34歳の山田太郎さん。妻と娘、息子の4人家族。性格は真面目で努力するタイプ。4月、本社企画係長に昇進した。今までの実績が評価されたと思い、頑張った。しかし初めての役職であり、戸惑いがみられた。毎日が根回しと会議の連続。

6月初めごろから夕食時に、テレビで「サザエさん」の番組を見ていると、以前なら笑えたのが、おもしろく感じない。なぜなら、「明日から会社だ」と思うと仕事が気になり集中できないから。布団に入っても、「明日の会議はうまくいくだろうか」と考えてしまう。頭がさえて寝つきが悪い。朝、気分がすぐれず風邪かと思ってしまう。

◇日曜夜の「サザエさん」

山田さんには、「ストレス病」のサインが出ている。お分かりだろうか？　よく言われている「サザエさん症候群」の状態。日曜日の夜に放映される「サザエさん」がポイントだ。好きなテニスや趣味は休日の夕方までは楽しめる状態であるが、その番組を見ていても仕事や会社のことを考えだすと〝ゆううつ〟な気分になって落ち込んでしまう。

◇「持続」している

第2のポイントは、上記の状態が「持続」していること。1回なら、たまたまそういうことはある。しかし、「持続」しているならば、「何かあるのでは」と考える。もし、部下に月曜の朝の様子などから気づくことがあれば、気軽に声をかけ聞いてみよう。「声かけ」の実行である。その結果、何もなければ、よい。何かあれば、対応を考える。

◇休日明けの朝が特にツライ！

「サザエさん症候群」を拡大すれば、「月曜日の朝はつらい！　しかし金曜日の昼ごろ

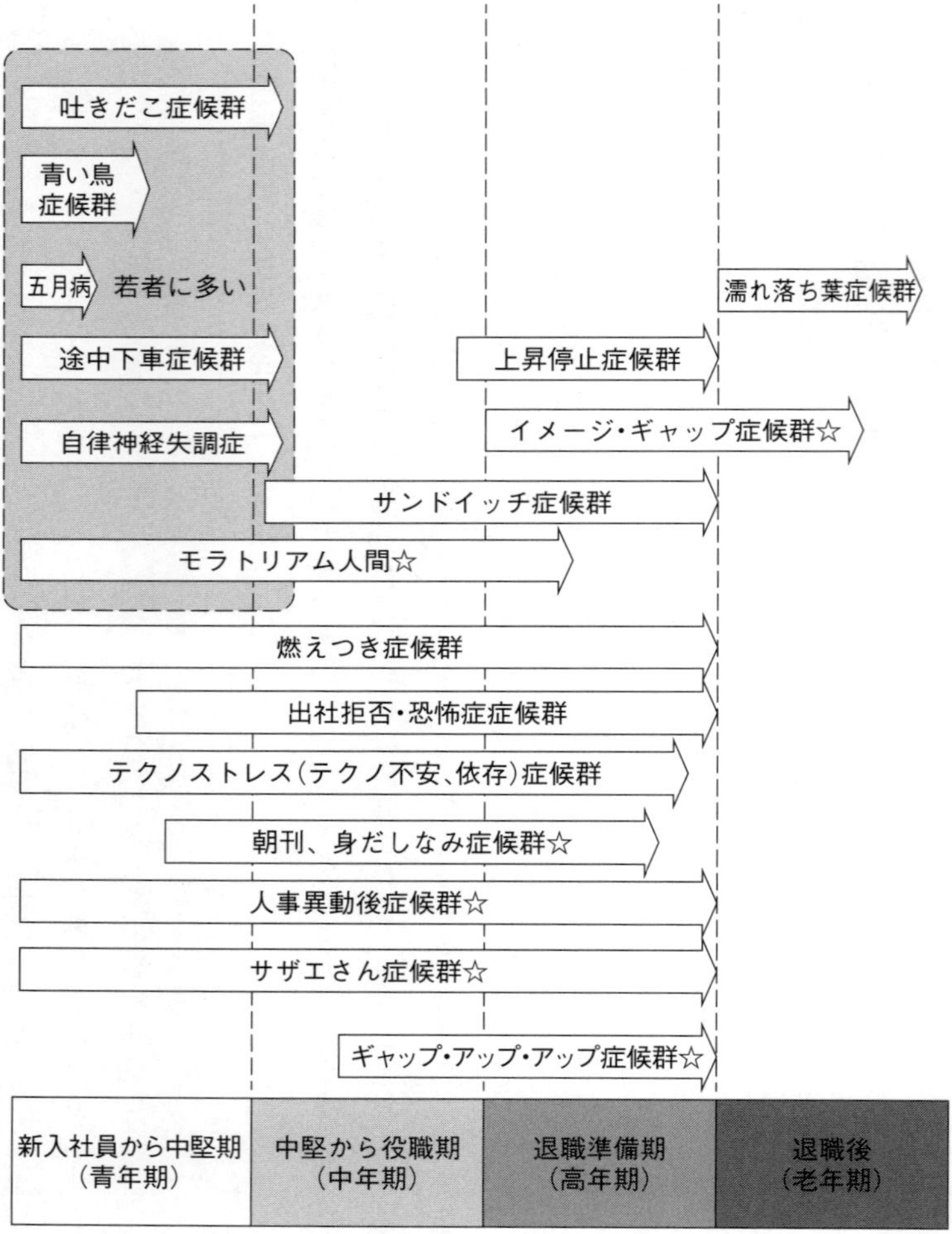

図３　職場ライフサイクルとシンドローム

（図は学説を中心に夏目が作成）

から気分は楽になり、帰宅時には良くなる」状態を言う。この「逆」をご存じだろうか？月曜の朝は気分が良く、金曜日午後から落ち込む状態を。答えは、よく言われている「帰宅拒否症」と「仕事中毒（ワークホリック）」。「帰宅拒否症」の多くは、「家庭内別居」であろう。家に帰っても楽しくない。だから、休日が近づくと気分が落ち込むのだ。

図3に年代別にみられる、メンタルヘルスに関係する主なシンドロームをまとめた。☆印については本書で紹介していく。

Dr.夏目の一言アドバイス

本人や家族、職場関係者は、生活習慣の乱れ（起床時間や朝食の有無など）から、対象者の心の〝SOS〟サインに気づくことができる。または、タバコやお酒、コーヒーなどの「嗜好品の増加」も分かりやすいサインの一つである。

2 〝朝刊〟と〝身だしなみ〟症候群

「うつ病」が増加している。４００万人とも７００万人（神庭重信九大教授）とも言われている。「うつ病」の早期発見に有効な「朝刊症候群」と「身だしなみ症候群」を、事例を中心に紹介していこう。

事例２　毎朝、経済新聞を読むのが日課の37歳の伊賀さん（仮名）

商社鉄鋼本部第1課長である伊賀太郎さんは、エネルギッシュで、てきぱきと仕事をして実績を上げてきた人。また、細心ではあるが大胆な決断もでき、責任感も強いタイプ。海外の企業との商談がまとまりかけていることから最近は多忙になり、時間外労働が月に１２０時間以上にもなった。それゆえ、深夜にタクシーで帰宅することも多い。また、数日前からは眠っている最中に2～3回覚醒するようになり、早朝5時ごろに目覚めてしまう。眠ろうと思っても眠れない。気を取り直して、毎朝の日課にしている経済新聞を読もうとしたが見出しやリードしか読めず、それ以外の肝心な記事の部分は読む気になれなかった。「頭に入らない。活字を追っているだけだ」とつぶやく。

翌日も同じように新聞を読もうとしたが集中できない。そして、3日後には、とうとう新聞を読もうという気力さえもなくなってしまった。

事例3　化粧やファッションが好きでオシャレな45歳の大宅あゆみさん（仮名）

化粧品会社営業第2課長の大宅あゆみさん。夫と2人の子どもの4人家族。性格は完璧主義で負けず嫌い。加えて、責任感も強い。最近、彼女が担当する新製品の乳液の売り上げが低下していた。部内で対策会議ができ、売り上げ向上のための戦略を検討。その一環として販売店を回るため、帰りが遅くなった。

3週間ぐらい前から、起床時に気分がすぐれない。朝食を食べようと思っても食欲がなく、好きな化粧も面倒になる。服を選ぼうと思っても選べず、手の届くところにあった地味な服を、つい着てしまう。普段はカラーコーディネートを意識する彼女だが、そこまで意識が回らなくなり、アクセサリーも、ただ着けているだけになってしまう。

「オシャレな人！」と言われている彼女にしては、おかしい組み合わせの服装。職場の人は、「いつもパリッとしているあゆみさんと違う。別人みたい…」、「彼女らしくないなぁ、チグハグな感じがする」と思った。このような状態が3週間も続いている。

え〜〜と…
今日の戦略
会議は…
あ、あゆみ先輩…

◇朝刊症候群と身だしなみ症候群

事例2は「朝刊症候群」を示している。「うつ病」は、朝に気分が落ち込んで気力が出ないため、普段は日課のように読んでいた新聞を朝、読むことができなくなる。ちなみに、なぜ「新聞症候群」と命名しないかといえば、会社から帰宅してくつろいだ状態になれば、「夕刊」は読めるようになるからだ。

事例3は「身だしなみ症候群」である。朝、気力が出ないので、好きな化粧やファッションに意欲がわかない。いつもの本人とは違うチグハグな状態になった。

「うつ病」とは

◇増加が続く「うつ病」

「うつ病」の増加が止まらない。患者数（躁うつ病を含む）は100万人を突破（未受診者《川上憲人東大教授の調査、4人のうち3人が未受診者》を入れると400万人と推定）し、社会的損失は2．7兆円と言われている。また「うつ病」が原因で自殺する人は多い。そのため、「うつ病」の早期発見と対応は「自殺予防」につながる。世界保健機関（WHO）の調査によれば、横断的調査で3％ぐらいの比率でみられる。生涯有病率（生涯で病気になる確率）は男性で10％、女性で15～20％と言われており、高頻度で起こる病気なのだ。

なお、「うつ病」は従来からあり、中高年者に多い「従来型うつ病」と、若者に増加している「現代型うつ病」に分けられる。この章では主として「従来型うつ病」の「早期発見の手がかり」について説明をする。

症状は

◇落ち込みがあり、仕事などができない状態が2週間日以上続く

朝の強い落ち込んだ気分（「抑うつ気分」という）が2週間以上続けば、「うつ病」と診断してもよい。**図4**で示したように、朝方、特に起床時がもっとも強く、午後2〜4時ごろから少しずつましになり、夕方になるとかなり楽になるのが特徴。これを「日内変動」といい、「うつ病」の症状では特徴的だとされている。

多くは意欲の減退（何かしようとしてもおっくうに感じ、以前ならスムーズにできたことができない。たとえば家事をしなければならないが、できなくなる）、判断力の低下や記憶力の減退などを伴う。

「朝刊症候群」や「身だしなみ症候群」は、「うつ病」における朝の「行動特徴」を示している。上司や職場関係者は、日ごろから部下に対して、「さりげない行動観察」や「想像力」を働かせてほしい。そうすることで、早期発見に活用できる。

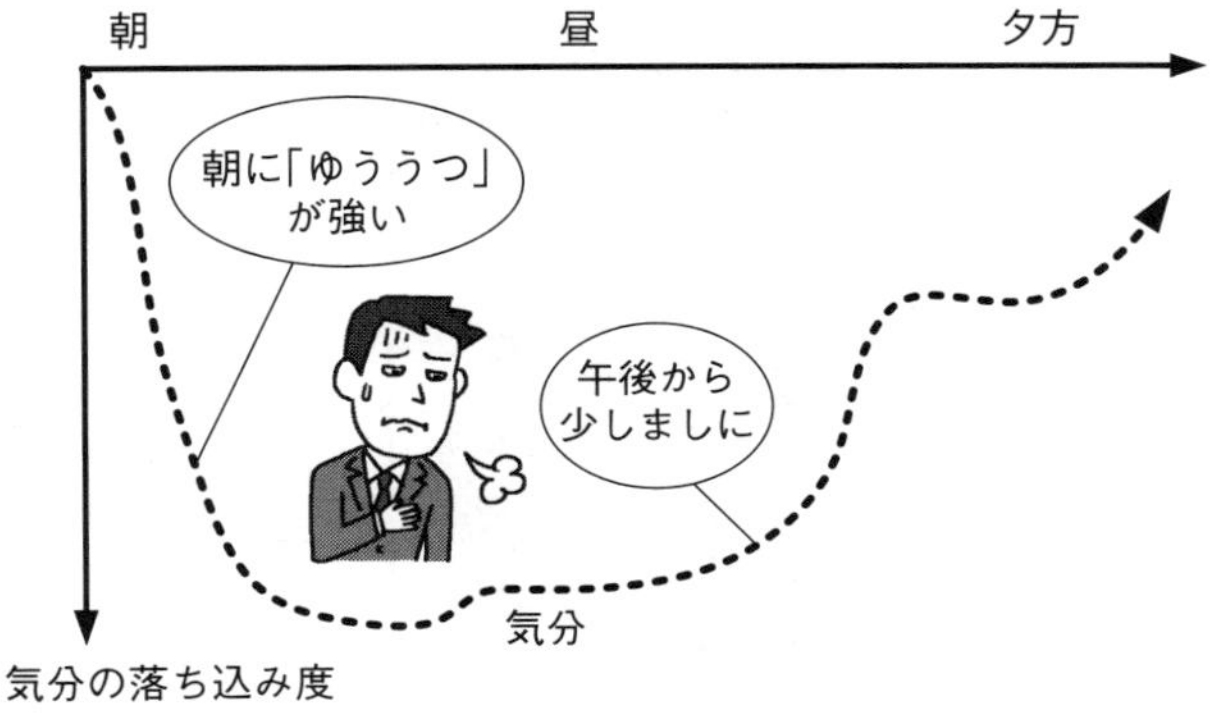

図4　「うつ病」の特徴—「日内変動」

図5　「うつ病」のポイント

◇「中途と早朝」覚醒

ぐっすり寝た感じがしない「熟眠障害」や、早朝に目覚めた後は眠れない「早朝覚醒」、夜中に何回も目覚める「中途覚醒」などの「睡眠障がい」は、「うつ病」の特徴である。「死んでしまいたい」という「自殺願望」が強い病気のため、自殺に至らせないための注意やケアが必要だ。**図5**にうつ病のポイントをまとめた。

Dr.夏目の一言アドバイス

「うつ病」は〝気分の落ちこみ〟や〝無気力〟が2週間以上続くのが特徴。職場関係者は〝朝刊〟や〝身だしなみ〟症候群から気づき（そのためには、日頃から対象者への〝さりげない観察〟がいる）、早めに対応してほしい。なぜなら、「うつ病」は自殺企図しやすい病気だから。自殺予防につながる。

3　予防可能な「人事異動後症候群」

人事異動は、働く人にとって重大な関心事だ。人事異動に伴う心の変化を「症候群」として2つの代表的事例から紹介し、対応についても考察を加えたい。

事例4　初めて係長に昇進した34歳の大山さん（仮名）

大山次郎さんは配偶者と子ども1人の3人家族。性格は、白黒はっきりしないと気がすまないタイプ。趣味と言えるほどのものはない。4月に営業係長に昇進。張り切ったが、マネジメントがうまくいかない。

彼の不調は、不眠症状から始まった。寝つけないのだ。出勤するのが次第につらくなる。大山さんは会社のビルを見ると動悸がして、足がすくむ。何とか出勤するが、仕事に集中できない。

◇「いつもと違う様子」である

係長の仕事がつらくなり、イライラすることが多くなった。しかし、休日は気分が楽である。課長は大山さんが「いつもと違う様子」であると感じた。しばらく様子を見たが変わらない。3年上の先輩にそれとなく聞くと、「私も普段の彼ではないような気がする」と言う。課長は大山さんに声をかけ、別室で彼の話をじっくりと聞いた。

事例5　本社企画部門に抜擢された43歳の山田さん（仮名）

山田三郎さんは、2年前に郊外にマイホームを購入。配偶者と2人の子どもの4人家族。趣味は麻雀とテニス。性格は、真面目で頑張り屋タイプ。4月にK支店営業課の営業職から本社営業企画課に転勤となった。営業での実績が評価されたと思い、期待に応えようと努力した。しかし山田さんにとって本社や企画の仕事は初めての経験であり、戸惑いがみられた。

◇「サザエさん症候群」、「朝刊症候群」が出現

6月初め、好きなテニスを楽しんだ夕食時に、テレビで「サザエさん」を見た。今まではなら笑えたが、おもしろく感じられず、興味がわかない。ボーッと見ている感じである。なぜなら、「明日から会社だ」と思うと仕事が気になり、集中できない上に、不安感や緊張が生ずるからだ。布団に入っても「明日の会議はうまくいくだろうか。係長はサポートしてくれるだろうか、他の課から、厳しい質問が出たらどうしよう！」と考えてしまう。頭がさえ、やっと午前2時に眠りにつく。起床時、気分がすぐれず風邪かと

思ってしまう。毎日読んでいる経済新聞に目を通しても見出しやリード記事しか頭に入らず、集中できなくなった。

「人事異動後症候群」への気づきと対応

◇7月病

人事異動は働く人にとって、一番の関心事。そこで、「人事異動後症候群」を紹介したい。この症候群を命名した笠原嘉《よみし》名古屋大学名誉教授は、「人事異動後3カ月間はストレス病を発症しやすいハイリスク期間と考えて、対象者に配慮をしてほしい」と提案した。4月に異動が多く、その3カ月後から発症しやすいので、私は「7月病」と命名した。

◇なぜ〝3カ月後〟なのか

図6に示したように大山さんや山田さんのいずれも、「人事異動後症候群」である。そのほかの事例を示そう。たとえば、研究者が会社のリストラで営業所に配置転換されると、数日後にパニックに陥ることがある。これはいわゆる〝配転パニック〟である。

なぜ3カ月後なのか。**図7**を参照してほしい。私の解釈だが、異動後1カ月間は「仕事の〝段取りや流れ〟、〝慣例〟、〝職場のおきて〟、〝仕事上のキーマンは誰か〟」などを知るために、まず対応する。ここでおおまかな流れがつかめれば、適応しやすい。それができ

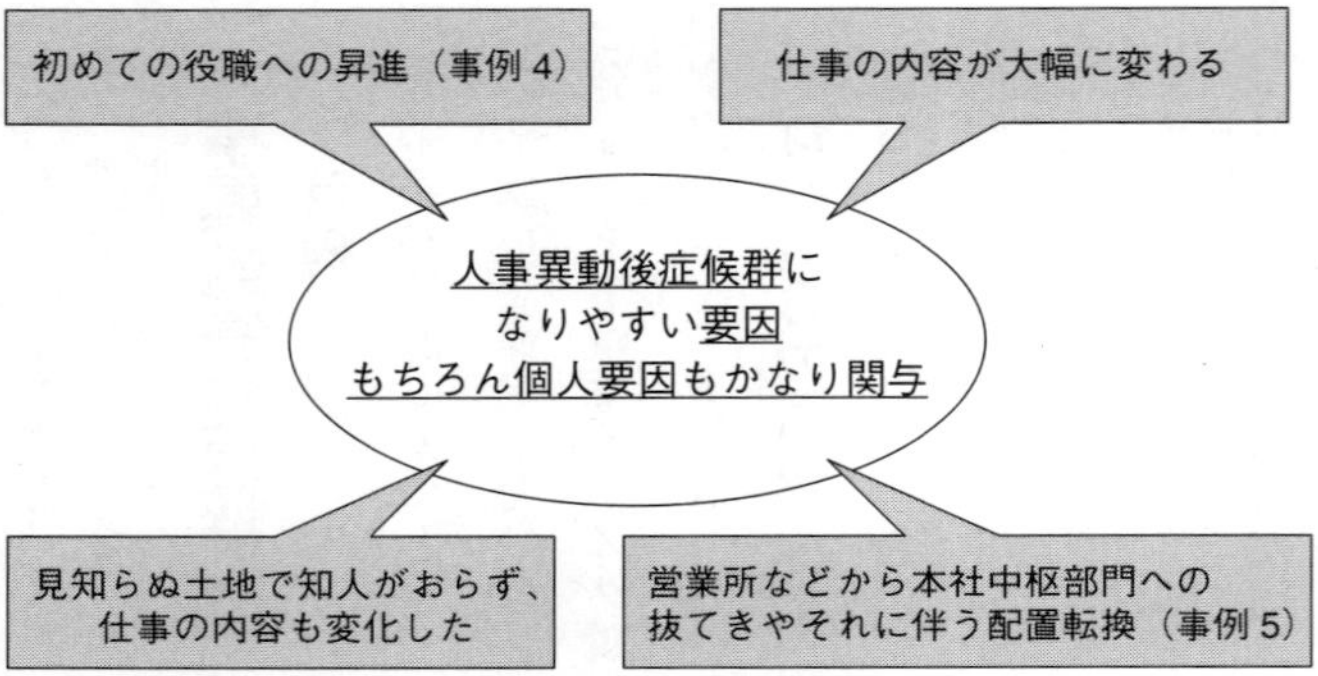

図6 「人事異動後症候群」になりやすいリスクファクター

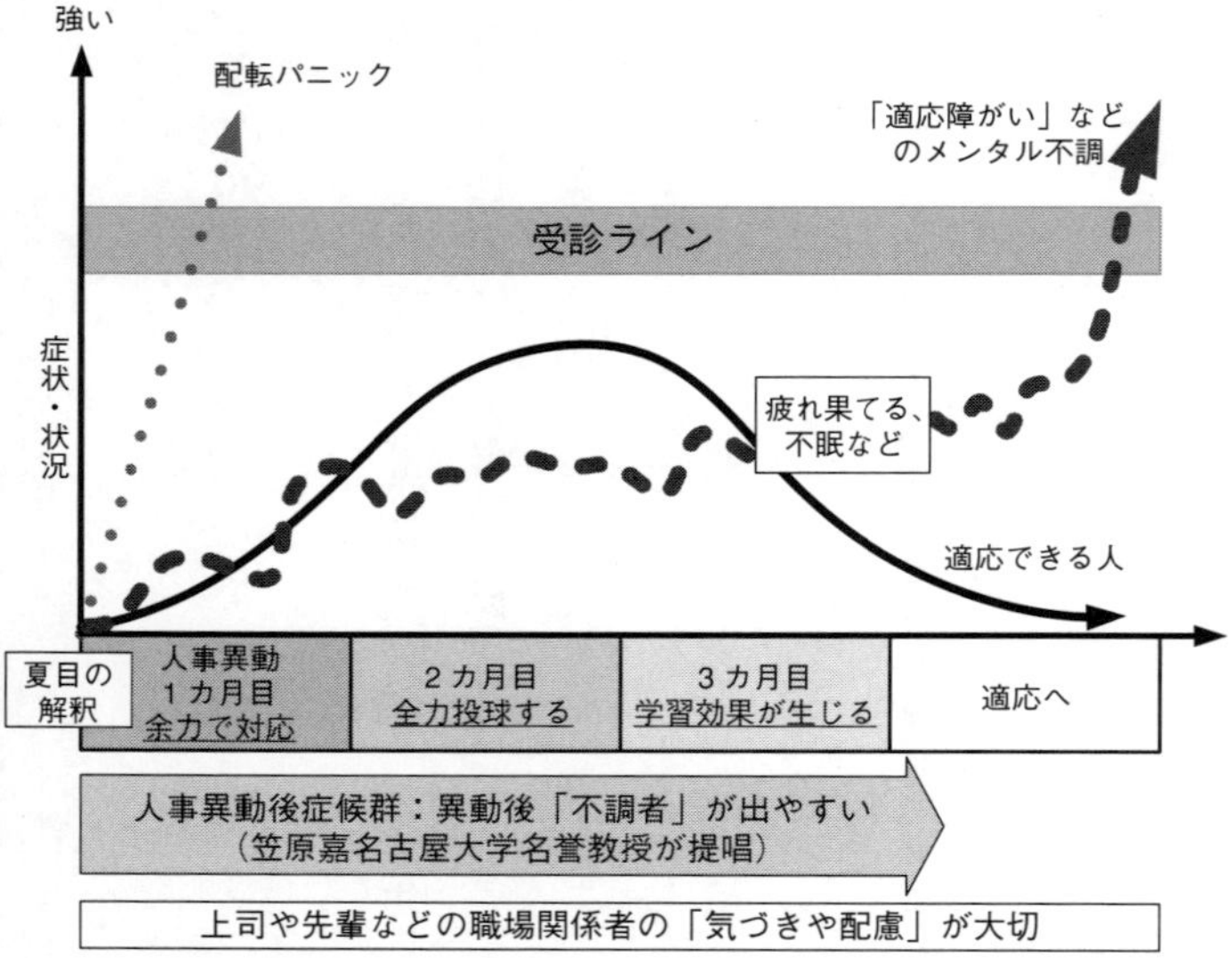

図7 人事異動と「適応」や「メンタル不調」への過程
（笠原氏の提唱をもとに夏目の考えも加えて図式化）

ない場合は全力投球するが、長くは続かない。この頃から、「疲れやすい、体がだるい」や「集中できない、イライラする」と訴えて内科などを受診するが、異常所見が見つからない。医師は「ストレスが関与している可能性がある」と説明しても、納得できないようだ。

◇4つのリスクファクター

図6の4つの要因、「昇進」や「仕事の内容が大幅に変更」、「見知らぬ土地で知人がおらず、仕事の内容が変化」、「抜てきに伴う配置転換」などの対象者がいれば配慮が必要だ。

◇職場関係者の気づきや配慮、サポート

職場関係者の気づきや配慮などが予防に役立つ。すなわち、対象者に声をかけ、話を聞く。関係者は「聞き上手」になって、彼らのしんどさや適応がスムーズにいかない点を聞き、受容していく。その際、助言などをしない事が大事。その後に、ポイントを整理・検討し、それに基づくさまざまなサポートを行う。たとえば職場の〝慣例〟や〝流れ〟、〝おきて〟、〝段取り〟、仕事の〝ツボ・コツ〟、人間関係などの実態を教えたり、示唆するのもよい。

◇究極の予防は人事による「職務適性」把握

究極の予防は、社員の「職務適性」の把握である。これは、難しいことであるが努力してほしい。一般的に、社員研修や人事異動の経歴などから、ある程度は予測できる。

Dr.夏目の一言アドバイス

新しい職務についたり職場が変わったときに、努力しても仕事がマスターしにくい場合は、気楽に上司や先輩、同僚に相談すること。上司なども異動者は「ストレスが高い」と理解し、ケアをしてほしい。すなわち職場関係者は予防ができ、分かりやすい「人事異動後症候群」の対策を体得し、実施してもらいたい。

4 「ホウレン草」ができない部下、したくならない上司

早期発見の手がかり——「ホウレン草症候群」の2つのポイント

ホウレンソウ（報告・連絡・相談、報連相→ホウレン草）ができない部下が増加している。どう対応をすればよいのだろうか。一方、部下が「ホウレン草をしたくならない上司」もいる。その実態を、2つの身近な事例から紹介する。

事例6　入社3年目の中田さん（仮名）

中田四郎さんは入社3年目の社員。商品セールスを担当していたが、ライバル企業の売り込みが激しい。仕事の進捗状況を2～3日ごとに課長に報告し、うまくいかない点について相談していた。課長の助言を生かして頑張るが、ライバル会社に仕事をとられてしまった。自信を失った中田さんは、課長に報告するのをためらった。気分もどんどん落ち込んでいく。

このような「報告や連絡」がない状態が続いたので、課長は中田さんに声をかけ、別室で面談した。彼は「自信がないのです。気力が落ちこみ、夜も眠れない」という。

「メンタル不調」があると感じた課長は、彼に産業医に相談に行くように勧めた。産業医の面談の結果、「うつ状態」であり、精神科の受診を勧奨された。実は中田さんは、仕事以外に家庭にもストレスがあったようであることが分かった。

◇仕事はチーム　ホウレン草は不可欠

仕事は個人芸ではない。「チーム」でやるもの。そのために上司と部下の連携は大切で「報告・連絡・相談」は必須。すなわち、部下は仕事の進捗状況や段取りなどを上司に報告。また適時、連絡。困難な状況が起きた場合は上司に相談し、指示を仰ぐ。この「ホウレン草」がない状態が続いたら、上司は事例のように部下に声をかけ、相談にのってほしい。その結果、「メンタル不調ではないか」と思ったら、産業医や産業看護職、衛生管理者などにつないでほしい。この流れをまとめたのが**図8**である。

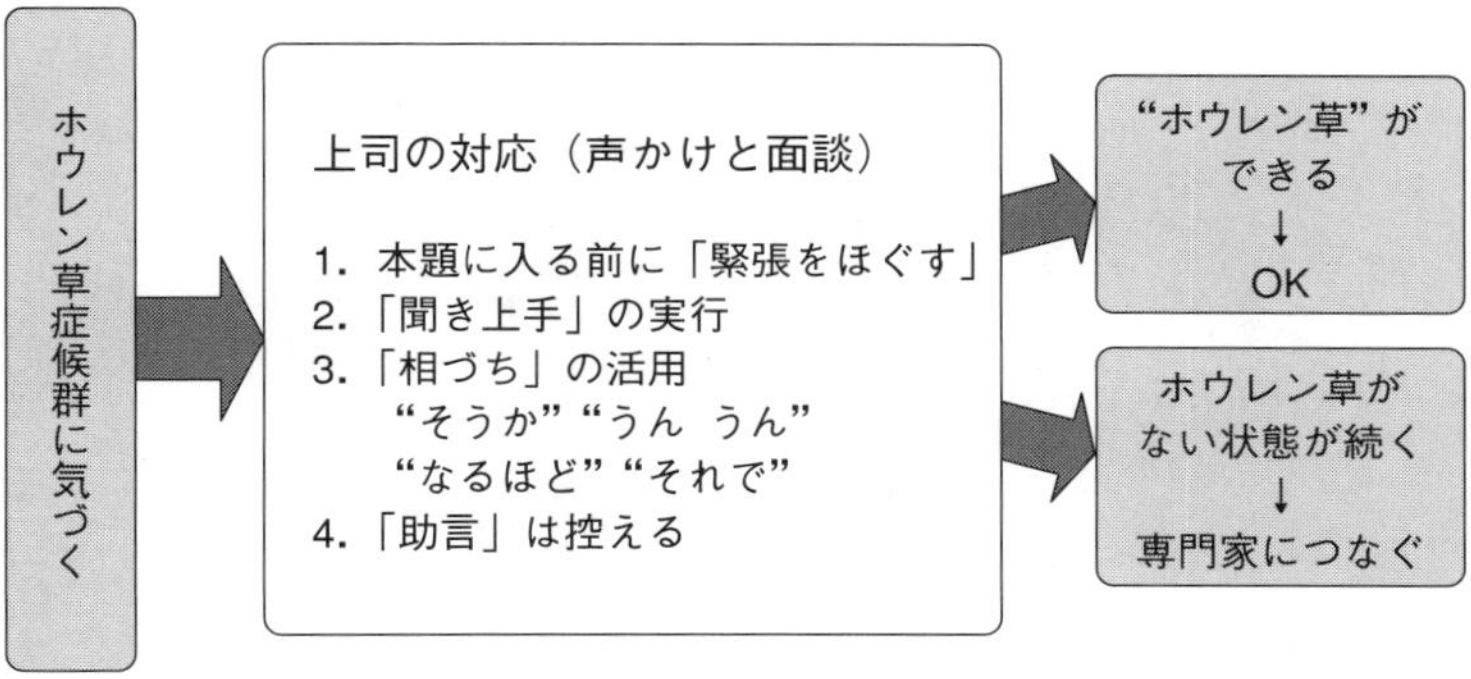
ホウレン草症候群に気づく
上司の対応（声かけと面談）
1. 本題に入る前に「緊張をほぐす」
2.「聞き上手」の実行
3.「相づち」の活用
“そうか”“うん うん”
“なるほど”“それで”
4.「助言」は控える
“ホウレン草”ができる
↓
OK
ホウレン草がない状態が続く
↓
専門家につなぐ

図8 「ホウレン草症候群」の「気づきと対応」の流れ

お前はタルんでる！
しっかり報告しろ!!
は.はい…
怖いって…

事例7　入社9年目の大林さん（仮名）

入社9年目の営業職の大林五郎さんは、真面目で内気な人。これまでは、それなりに実績を上げてきた。しかし、新しく課長になった八島さんになじめず、仕事の報告をするのがためらわれた。なぜなら前任の課長は彼の報告をじっくりと聞いてくれ、仕事ぶりも評価してくれた。また、必要に応じて実行しやすい方法をアドバイスしてくれた。その助言を取り入れたら、うまくいっていた。

一方、八島課長は話を聞いてくれず、「営業は根性だ！　お前はタルんでいる！」や「同期の中野は、もう4件も取ってきたぞ！　負けるな！」、「朝から気合を入れて得意先を回れ。売り上げがないなら帰ってくるな！」というようなことを、大声で一方的に20分ぐらい言う。話すというより怒鳴る感じだ。大林さんは叱られていると感じ、委縮してしまった。

1週間前に課長が大林さんの席にやってきて、「この前の件はどうなった。しっかり報告せよ！」と大声で命令していった。彼はさらに委縮してしまい、課長の所へ行けなくなってしまった。

◇「ホウレン草をしたくなる上司」をめざそう

この事例のように「ホウレン草」をしたくならない上司がいる。このような上司は問題が多い。**図9**にそれをまとめたので参照してほしい。上司という立場にある人は、**図10**を基本に、自分の言動を修正してほしい。それによって次第に「ホウレン草」をしやすい上司になっていくだろう。

Dr.夏目の一言アドバイス

ホウレン草が職場でスムーズに行われるようになるためには、5カ条(図10)は〝必須〟の内容である。多くの管理者は「自分の言動」が部下に、どんな影響を与えているか知らないようだ。最低限、部下の話をちゃんと聞けているかどうかをしっかりチェックしてほしい(親しい部下に聞いてみるのも良い)。

図9　“ホウレン草”をしたくならない上司の特徴

1. 「あいさつ」や「声かけ」をコマメに
2. さりげない雑談
3. さりげなく行動観察
4. 話しやすい「雰囲気」づくり
5. 部下の話を「聞くこと」を重視

図10　上司に求められる「5カ条」

5「サインは『V』」シンドローム

次に2つのケースを示し、〝気づき〟とそれにもとづく〝対応〟の実際について説明する。ポイントは**図11**を参照してほしい。

事例8　慢性の肩こり、頭痛に悩まされている28歳の山田加奈さん（仮名）

入社6年目、経理課員である山田加奈さん。性格は明るいが、緊張しやすい人。中堅社員として新入社員の教育係で、相談相手でもある。決算期を控えて、1月から残業が続く。21時半ごろに職場を出ることが多い。帰宅して食事をすませると、バターン、キューとすぐに寝てしまう。このような生活の連続。

仕事は、コンピューター作業が多く、いつも夕方になると肩や首がこり、痛みもあり、目も疲れる。週末になると頭痛がひどい。山田さんは、慢性の肩こりや頭痛などを〝ストレス過剰サイン〟と自覚している。休日は、休養をとって、のんびりと過ごす。

◇慢性のこり・痛みの持続は、ストレス過剰のサイン

山田さんは、長時間労働や後輩の指導などでストレス過剰になっている。「慢性の肩こりや頭痛はストレス過剰サイン」として受け止めている。根をつめて仕事をする人、緊張しやすい人は、「慢性のこりや痛みの持続」がサインであることを自覚してほしい。

事例9　単身赴任で生活習慣が乱れがちな37歳の大木係長（仮名）

メーカー係長である大木さんは、本社から福岡支店に単身赴任してきた。アバウトな性格である。このところ、得意先回りで多忙。残業が多く、いつも夕食は22時ごろで、お酒の量がついつい増える。しかも食事のほとんどが外食だった。

2週間に1回、自宅に帰った際、妻から「だいぶ太ったんじゃない？」と言われ測定すると、6kgも増加。妻から赴任中の食事などの生活習慣を聞かれた。その過程で、食習慣が乱れていることに気づく。

◇生活習慣の乱れがサイン

単身赴任とオーバーワークによりストレスが重なり、しんどくなった事例。自宅に帰ったときに、妻が夫の生活習慣が乱れていることに気づく。具体的には、「ときどき朝食を

抜く」、「塩分や油分の多い食事」、「酒量の増加」などが見られたことだ。

サインは「V」シンドロームの活用

「サインは『V』シンドローム」は、私が提唱した症候群。「メンタル不調」に伴い、心身からはさまざまなサインが出る。これをいち早く感じ取って対処すれば、回復につながるため、サインは「V（Victory）」つまり「勝利＝健康」とかけて命名した。１９７０年代のスポーツ根性もの（スポ根）漫画「サインはV」から借用した。

ストレスが過剰になると身体、こころの症状や嗜好品（酒やたばこ、コーヒー、紅茶、間食）の増加のサインが持続する。まず、それに気づくことである。

1．緊張しやすいタイプの人
肩こり、首のこり、頭痛などの持続

2．胃腸系の弱い人
胃痛、腹痛、下痢、食欲不振などの持続

3．アレルギー体質の人
花粉症、アトピー性皮膚炎、喘息《ぜんそく》などの悪化・持続

4．循環器系の弱い人
血圧上昇などの持続

5．そのほか、身体の弱い部位に不調が出やすい人

図11　初期サイン⇒身体症状の持続

身体であれば、図11に示したように、「弱い部位」にサインが出る。たとえば胃が弱い人であれば胃痛や吐き気の持続、腸に脆弱性があれば下痢や便秘の持続、緊張しやすいタイプならば肩こりや頭痛の持続、アレルギー体質ならばじんましん、アトピー性皮膚炎、花粉症の悪化などである。

「こころのサイン」を**図12**に示したので活用してほしい。この場合「疲れ果てている、バテている、無理をしている」状態の持続にあると理解し、休養をとるのが大切だ。

図13に示したストレスへの対処をすれば、健常状態に戻れる。まず休養から始まることを、知ってほしい。「過剰ストレスのサイン」に気づき、対処すれば病気の予防につながるのだ。サインは「V」シンドロームを、今日から活用してほしい！

Dr.夏目の一言アドバイス

〝SOS〟に気づいたら、「過剰ストレス」や「メンタル不調」であると知る。対応の第一歩として、心身の休養が大事。ゴロ寝や睡眠などで対応してほしい。例えば、自宅で何もせずに1日ボーっとしてゴロゴロ過ごす、あるいはマッサージなどでこりをほぐし、眠りやすくするなどである。

図12　こころのサイン

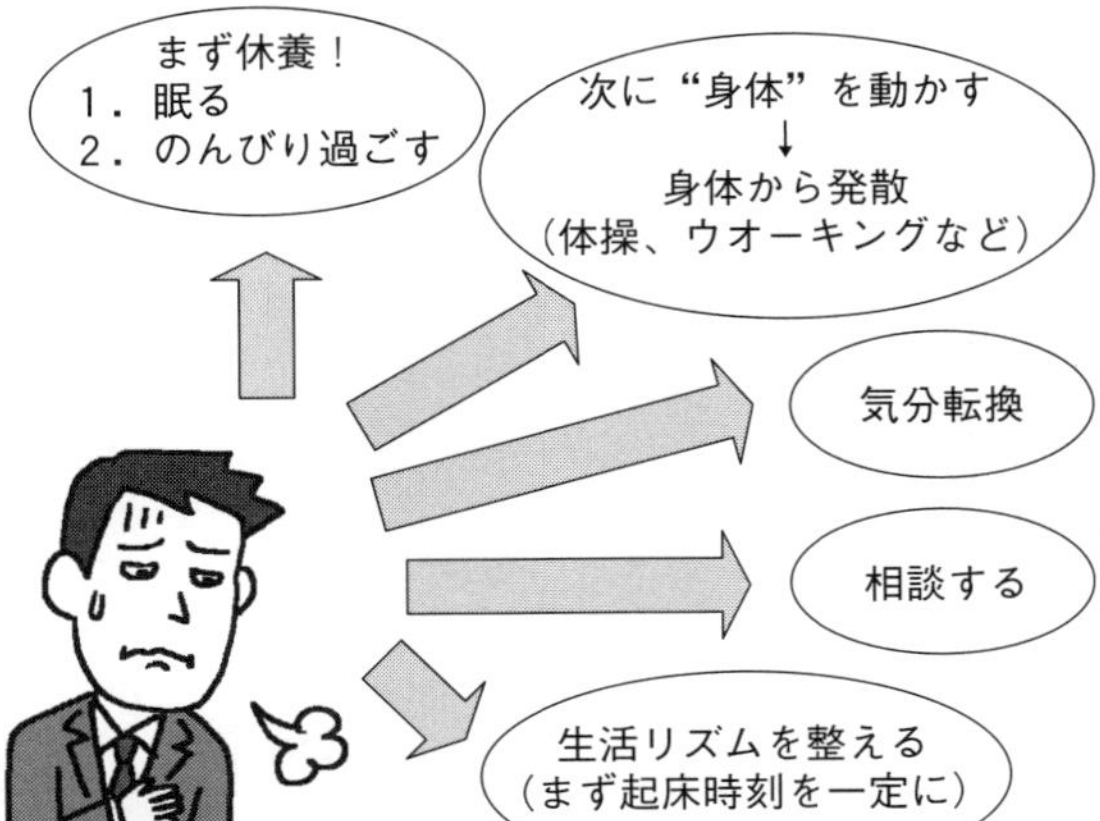

図13　サインに気づけばすぐ「対処」

第1章のまとめ

〝症候群〟から不調の〝兆し〟を把握する

ここでは、働く人々によく見られる心身の不調の〝兆し（SOS信号）〟を、気づきやすい〝症候群〟としてとらえた。すなわち「人事異動後症候群」や「サザエさん症候群」、「朝刊症候群」、「身だしなみ症候群」、「ホウレン草症候群」などである。また「生活習慣の乱れの持続」や「嗜好品増加の持続」も気づきにつながる。こうした特徴を知り心の中にとめおくことで、「気づき力」がアップし、不調をいち早くキャッチできる。

管理職に求められる「ラインケア」のポイント

企業における管理監督者にとって部下の不調の〝兆し〟の把握は、「ラインケア」のポイントである。不調に気づくことで、声をかけたり、面談をし、必要に応じて産業看護職（保健師や看護師）や産業医などにつなぐ。紹介した事例を参考に、臨機応変に対応できるようにしてほしい。キーワードは「いつもと違う感じの持続」である。そのためには、日ごろからの部下とのコミュニケーションを密にし、「さりげない行動観察」を続けることだ。

では次に、第2章では、時代の変化に伴って変貌する個人のこころの不調の様子を、引き続き〝〇〇症候群〟と称される特徴的な事例から見ていこう。

第2章

変貌し続ける社員の現状

社会の変化に伴って、社員の意識や価値観、ライフスタイルも変化し続けている。その変化の中で、うまく適応できずに戸惑い、心身の不調をきたす人々の現状について、特徴や要因、対応について身近な事例をあげながら解説する。

1　拡大する若者と中高年者のギャップ

世代間における、ギャップ。私が提唱しているのは、お互いにスムーズにいくようにと努力するが埋めがたいために、上司などが〝アップアップ〟してしまう「ギャップ・アップ症候群」。それには、「ライフスタイル」と「コミュニケーション」のギャップの２つのパターンがある。

まず「ライフスタイル」のギャップを、身近な事例とともに紹介する。

■「ライフスタイル」のギャップ

事例１　若手とのギャップに悩む46歳の長居課長（仮名）

◇若手は午後7時に全員帰宅！

長居一夫さんは、大手メーカーに勤務して25年になる本社資材第一課長。責任感の強いタイプである。販売先からのクレーム対応に追われる。業務は部下に任せているが、

20～30代前半の部下（6人）は1～2時間残業をしたあと、仕事をやりかけの状態でも帰ってしまう。今日中にと指示しても、「家庭が大切です。8時までには家に帰り、子どもを入浴させたい」と言う。結局、残った仕事を、40代の2人で片づけていた。

◇自分は浮いているのだろうか？

考え方のギャップを感じた長居課長は、若手の部下に聞いてみた。彼らは「本社勤務でも妻は喜ばない。ほぼ定時に帰れた支店時代が良かった」とか「妻からは『あなたに偉くなってほしいとは思っていない。家庭を優先にしてほしい』、『仕事は代わりがいるけど、父親はあなた1人。私も働いているのだから』と言われる」と語る。

部下の話に戸惑った課長はコミュニケーションを深めたいと思い、「一杯、飲みに行かないか」と若手社員に2～3回、声をかけてみたが、良い返事はない。それでも何とか飲みには行けたのだが、その席で「課長、それは、お説教です。遅れていますよ。いまどき、会社中心の考え方は…」と言われた。長居課長は「僕は浮いている。他のストレスもあり、しんどい」と考え込んでしまった。

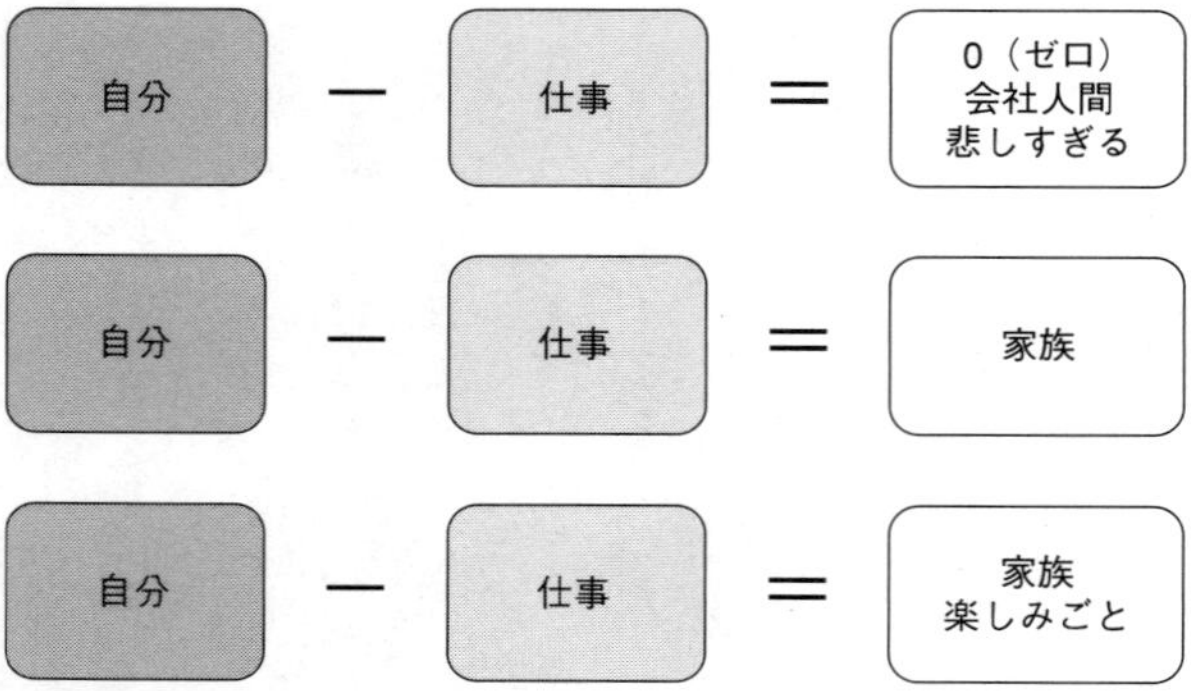

図1　「究極の方程式」＝仕事を取ったら、「自分」に何が残るか？

（図は学説を参考にして夏目が作成）

「究極の方程式」から検討

図1を見てほしい。読者に質問する。

「自分」から「仕事」を取ったら、何が残るだろうか？「家族・友人など」があるか、あるいは「楽しみごと」が残るか。いや、何も残らない人もいる。人それぞれだが、いろいろな回答が出てくるだろう。その答えこそが、あなたのライフスタイルなのだ。

図2に「人生を木」に例えた場合、「仕事（育児・家事）の世界」、「家族・友人との共感の世界」、「楽しみごとの世界」の「3つの世界」について示した。それぞれに自分の時間やエネルギーをどう配分するかによって、ライフスタイルが形成されるのである。

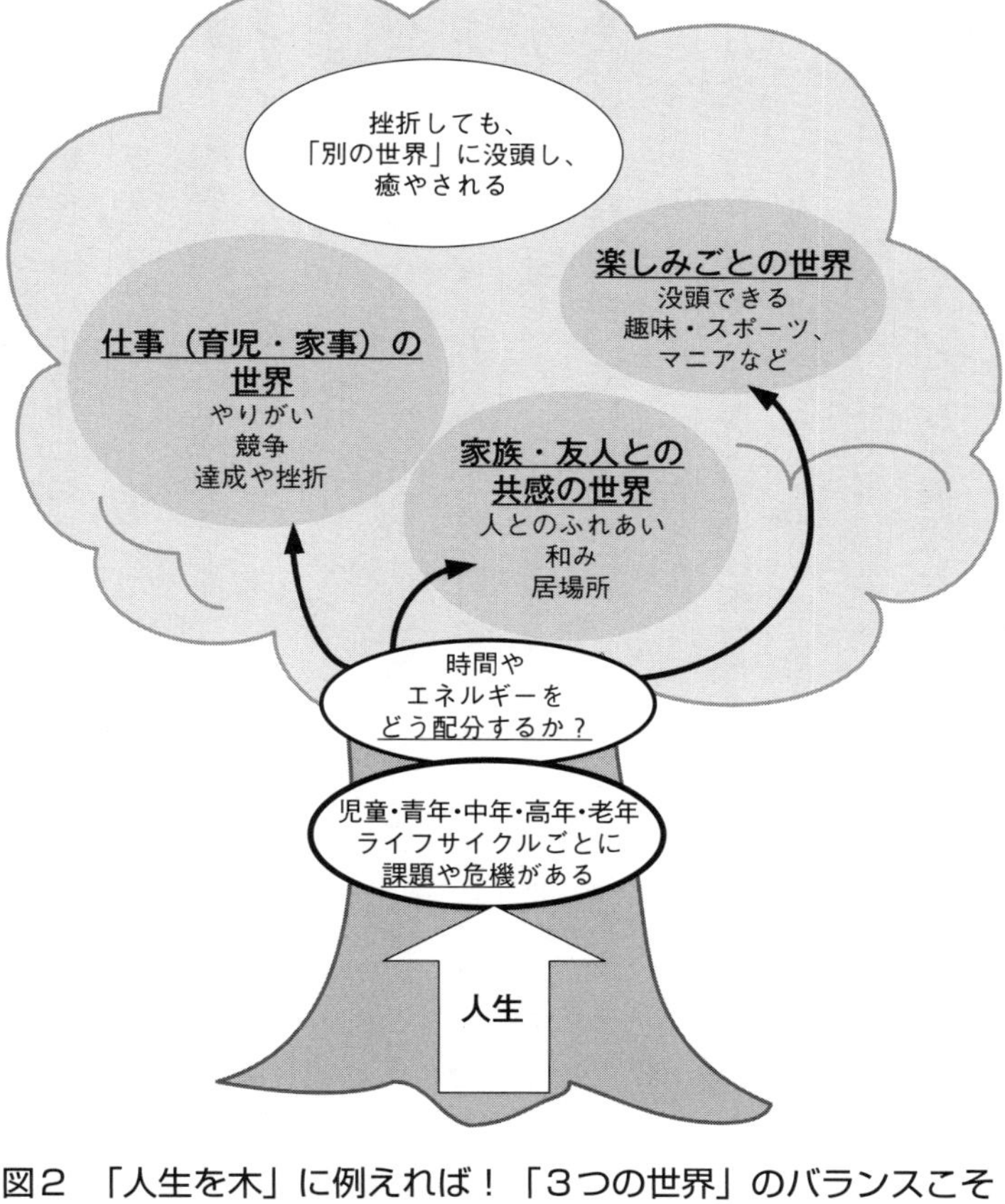

図2　「人生を木」に例えれば！「3つの世界」のバランスこそ
（図は学説も考慮に入れて夏目が作成）

◇静かに浸透し続けるジェネレーション・ギャップ

会社・仕事人間が多い中高年男性に比べ、若者は仕事の比重が半分ぐらいという人が多いようだ。仕事の話を「ダサい」と思う人も増加している。家庭・配偶者を大切にする「マイホーム型」や、趣味や楽しみに価値観を置くタイプも多くなってきている。

◇「ダブルインカム」夫婦が増加

かつて専業主婦が7割もいた時代があった。今の若者で夫婦ともに働く（ダブルインカム）人が増加。このときにテーマになるのは、「家事と育児」の分担であろう。仕事で帰りが遅く家事をしない夫は、女性から敬遠される。いまや多くの女性が、会社で偉くなるより家庭を大切にする男性を望む。家事や育児をしてくれる男性が望まれる。

◇本社や昇進が家族にとって嬉しくない

以前なら、本社勤務や係長昇進などは家族にも高く評価されていた。しかし、最近は違うようだ。帰宅が深夜になり、家事・育児は配偶者の負担。しかも給与などの待遇はあまり変わらない。そのような状況を家族は望んでおらず、「あなたには、偉くなるためにムリしてほしくない。それより家庭を大事にしてほしい」との声が多いようだ。

◇ノミ（飲み）ユニケーションが通用しない

職場でのコミュニケーションは建前が多い。一方、赤ちょうちんなどの飲み屋での仕事や人間関係の話は、本音が多い。そこで、お互いに不満やストレスを言い合う。このように、以前は「しんどい」という気持ちの共感は、ノミュニケーションで分かり合うのが中心だった。酒の酔いも手伝い、感情の発散ができ、カタルシス（浄化）の機能さえあった。しかし、今の若い人たちに対しては、それが通用しない時代に来ているのだ。

あなたならどうする？

対応のキーワードは、3点ある。

① ワーク・ライフ・バランス
② 相手のフィールドに行って理解する
③ 聴き上手

ポイントは、「ワーク」と「ライフ」のバランス。**表1**に、それぞれの時代における「3つの世界」の比重の変遷を示した。今後はますます「家族・友人

表1 「3つの世界」における比重の時代的変遷（夏目のイメージ）

世界＼時期		高度経済成長期	バブル期	現在	今後
ワーク	仕事（育児・家事）の世界	多くは8くらい	多くは7くらい	多くは6くらい	多くは5
ライフ	家族・友人との共感の世界	多くは1くらい	多くは1くらい	多くは2か3くらい	多くは3
	楽しみごとの世界	多くは1くらい	多くは2くらい	多くは2か3くらい	多くは2

との共感の世界」の比重が増えていくと思われる。ベテランのみなさんは、今後これからの時代は「ライフ」が半分の比重を占めるという認識を持って、「3つの世界」の見方を変えていく必要がある。

また、若者と意思疎通をしたいのなら、ノミュニケーションにこだわらずに、「若者が行く店」に一緒に行ってみよう。そこで、彼らの話を耳を傾けて、傾聴してほしい。「あいづち」を使って、どんどん話してもらう。そのとき、彼らに意見をしないことが大切だ。

Dr.夏目の一言アドバイス

「ワーク・ライフ・バランス」の時代である。年代やキャリア等によって、このバランスが異なってくる。中高年男性に多い「ワーク」中心の生活を、再検討するときでもある。「ワーク」の時間を少し減らし、「ライフ」を増やすのが望ましい。できれば「家族を含めた生活」の充実を考えてほしい。

■「コミュニケーション」のギャップ

次に、コミュニケーションのギャップに焦点を当てた事例を紹介する。

事例2　ギャップがありすぎる36歳前田係長と新入社員一郎さん（仮名）

36歳の販売営業第1係長の前田さんは、入社して10カ月の新入社員の一郎さんの仕事ぶりが気になる。なぜなら、営業のスキルが身についていないように思えるからだ。半年間、5年先輩の次郎さんが営業先に同伴して仕事の指導をしたのだが…。

そこで係長は一郎さんを呼び出し、面談をした。

「悪い」コミュニケーションのパターン

係長：「君の営業成績がいまひとつだ。これはなぜだろうか」

一郎：「……」

係長：「ちゃんとユーザーに〝食い込んでいる〟のか？」

一郎：「ユーザーとは何回も会っていますよ」

係長：「ちゃんと〝食い込んでいる〟んだな」

一郎：「〝食い込む〟ってどういうことですか？」

係長：「お前、〝食い込む〟ということが分からないのか！　そんなの常識だろう！」
一郎：「ちゃんと会っています。3回も営業をかけていますよ！」
係長：「会うだけではダメなんだ。〝食い込む〟んだよ」
一郎：「会って、商品の特徴を説明しています！」
係長：「会うだけではダメなんだ。〝食い込んでいく〟んだ‼」
一郎：「だから、〝食い込む〟って何ですか？」
係長：「説明しなくたって分かるだろう。そんなの当たり前のことだ！　当たり前だ」
一郎：「分かりました。努力します」
一郎さんは黙って下を向いたまま…。そしてこれと同じパターンの面談が、その後も3回あった。1カ月後には、一郎さんは係長と顔を合わせるのが苦しくなり、係長を避けるようになってしまった。

◇「3つの社会」

事例から、係長と一郎さんの間にできた、コミュニケーションのギャップが分かっていただけたと思う。この事例で、一郎さんとの間でギャップが生じた言葉は「食い込む」「常識」「当たり前」の3語である。特に「食い込む」という言葉の意味の捉え方がスレ違い

食い込むんだよ!
はあ…
意味わかんね～

の中心だ。

表2に「3つの社会」の特徴を示した。「大衆社会」とは昭和の世代が知っている社会であり、日本が経済成長し、全体で「豊かな社会」を目指した社会を表すものである。一方、「分衆社会」とは平成の初期、「島宇宙」と呼ばれる価値観などを同じくした集団が住み分けた社会である。そして、「多様化社会」とは現代社会であり、価値観や生き方などの違いを認める社会である。

事例の係長は「分衆社会」で育ち、一郎さんは「多様化社会」で育った人。「食い込む」という言葉を一郎さんが「分からないのです」と2回

表2 「3つの社会」を知り、気づきに活用（学説を中心に夏目が作成）

社会＼項目	大衆社会（マス社会）	分衆社会*（分衆＝博報堂生活総合研究所の提唱）	多様化社会
時期	昭和30～50年ごろ	昭和60年代～平成の初期	現代
キーワード	普通 当たり前 常識 経済成長	ヤンキー オタク シラケ世代	いろいろ 「違い」 サトリ世代
社会	大量生産と一括販売 経済成長 「豊かさ」追求と中流	「島宇宙」** 住み分け	中流の減少と下流志向 成熟社会
モノ	テレビ、車、マイホーム	ワープロ、ゲーム	携帯電話、インターネット

*自動車やテレビが1世帯に2つ以上になるのが目安
**同じ価値観を持ったものだけで場をつくる（宮台真司・首都大学東京教授が提唱）

も尋ねても、係長は無視。適切な説明がない。次に、「常識」、「当たり前」という言葉を使っている。しかし、表2にも示したように、「常識」、「当たり前」、「普通」という用語が通用するのは「大衆社会」と「分衆社会」までである。「多様化社会」の若者の場合、大衆社会や分衆社会の時代を生きた人が常識だと思っていることを、常識だとは思っていない人も少なくないので、上の世代の言うことを理解できないこともある。

ステップごとに具体的に説明

では、この事例のように、世代間のギャップが生じた場合はどうしたらよいのだろうか。次に、妥当な方法を示す。前述で示した「悪い」パターンとの差異に注目してほしい。

「良い」コミュニケーションのパターン

係長：「得意先に営業に行って〝食い込んで〟いますか？」
一郎：「3回くらい会いに行っています。でも、〝食い込む〟とは…？　そう言われても…」
係長：「〝食い込む〟…。そうか、われわれの時代の言葉か…。その意味は、お得意さまと会って、雑談をしながらコミュニケーションを深めていくということだよ。コミュニケーションが深まると、君に対する信頼が深まるよ。分かるかな？」
一郎：「雑談で、深めていくのですね」
係長：「そうだよ。そうして人間関係ができれば、信頼している君からわが社の商品を買ってくれるようになるよね。そこでさらに、『買っていただければ、こんなサービスをさせていただきます』とプラスアルファを付ければ購入につながるよ。このような流れを〝食い込む〟と考えてほしい」
一郎：「そうですか、いろんなステップがあるんですね」
係長：「そう、そうだよ。ステップだよ！」
一郎：「ステップですね！僕はまだ会った段階ですね。ステップアップか…」
係長：「そうだよ。会うだけではダメなんだよ。たとえば相手が興味を持つ話題を提供しながら、コミュニケーションを深めること。それが次の課題だよ」
一郎：「分かりました。次のステップにつながるようにします」

係長の指導法をまとめる。まず、内容をステップに分ける。ステップごとに説明していき、相手の理解が深まるようにつなげていってほしい。また、各段階ごとに理解できているかをチェックしながら、指導を進めていくとよいだろう。

上司指導の５カ条

1. 話しやすい雰囲気作り
2. 事例を使いながら具体的に説明する
3. 精神論（根性、気合いなど）はダメ！
4. 段階に分けて説明
5. 理解できているかをチェック

図3　「上司や先輩」に求められる「５カ条」

Dr.夏目の一言アドバイス

コミュニケーションギャップの多くは、上司が部下の話を聞けていない点にある。部下の話をさえぎり、自分の意見を言う人が多い。それを指導と思い込んでいる。そこで〝そうか〟、〝それで？〟、〝なるほど〟などのあいづちを打ちながら部下の話を、最低10分は耳を傾けて聴くという訓練をしてほしい。

2　中高年に増加している「リストラ症候群」

「中高年者」を直撃するリストラ

◇リストラ旋風

〝アベノミクス〟で多少景気は変わりそうだが、「失われた20年」とも言われる平成の長期不況。決定的なパンチは、アメリカ発のリーマン・ショック。日本はモロにその余波を受け、失業率が上昇。多くの企業で、中高年男性を中心にリストラが行われてきた。最近では電機業界でリストラの旋風が続いている。対象社員を「追い出し部屋」、「キャリア開発室」などに配置し、「辞める」と言うのを待つという風潮もある。

◇ターゲットは働き盛りの中高年

対象者の多くは、働き盛りの中高年。会社のために「一所でなく、一社懸命」に働いたのち、見返りを期待する年代になると今度はリストラだ。「それはない。こんなはずではなかった」、「年功序列は『報酬後払い方式』だ！　マイホームの支払いはどうするんだ…」というのが本音であろう。**図４**に示したように、それでなくても中高年者は多くのストレスにさらされている。そこに「リストラストレス」が加わる。

◇「選択」と「集中」でリストラされる

最近のリストラの特徴は、「選択と集中」。すなわち利益が上がる、あるいは将来性のある分野には「人と物と金」を集中的につぎ込むが、赤字部門はなくすか売却する。このようにリストラがらみの「転勤や出向」などが契機となり「過剰ストレス状態」に陥ったり、「適応障がい」や「うつ病」になったりする、いわゆる「リストラ症候群の対象者」が増加する。

ここでは前述を踏まえて、代表的な中高年者の事例と、最近増えつつある若い世代のリストラの事例の2件を提示するとともに、その対応について解説する。

これらに「リストラストレス」が加わるのだ !!

図4　中高年者を取り巻くストレス

事例3　生産工程ラインが廃止された48歳の中田さん（仮名）

中田徹さんは、大手メーカーの九州製作所の生産工程に従事。今まで、同じ製作所で同一業務をしてきた。性格は几帳面で、取り越し苦労をするタイプ。しかし最近は、生産ラインの技術革新にともない高度な仕事が求められ、努力してついていくのがやっとの状態であった。２年前から会社が赤字決算になり、彼が仕事をしていた生産ラインがリストラで廃止となった。

その後、転勤により、コンピューター制御の進んでいる関東製作所のライン業務に従事。しかし、慣れない業務の上に、気楽に話せる人がいないことから、緊張が持続し、疲労感が増す。耳鳴りがひどくなる。耳鼻科を受診したが、特に異常所見はなかった。そこで、産業医の紹介でメンタルクリニックを受診した。

事例4　仕事を同僚にとられた36歳の女性、青山和子さん（仮名）

３、０００人規模の住宅機器販売会社の滋賀営業所（15人勤務）の営業職の女性。高校卒業後に入社し、地道にコツコツと実績を積み重ねてきた人。夫と子ども１人（保育所）。夫の年収が３５０万円で彼女（青山さん）は２２０万円。

このたび、勤務先が不況のため京都と滋賀の４営業所を１カ所に集中させて第一近畿営業所（京都）となり、5人の人員削減も行われ、現在の人員は35人（女性は25人）。青山さんは通勤距離が長くなり、多忙になった。職場ではリストラへの不満が多い。雰囲気も沈滞ムードで、ギスギスしている。新しい職場では女性を中心に「3つのグループ」ができた。

青山さんはある時、書類を見て気づいた。青山さんが中心で同じAグループの田中さんと協力して獲得した200万円の実績が、田中さんだけのものになっていたのだ。もう1件同様のことがあった。

たまりかねた青山さんが田中さんに不満を言うと、「私がした仕事よ‼」と一方的に言われた。それがきっかけで、青山さんはAグループの仲間から無視されるようになる。職場で孤立し、うつ的な状態となって、出勤できなくなってしまった。

「リストラ症候群」への対応

◇統廃合ストレスが多い！

上記の2事例は40代の男性と30代の女性である。中高年者だけでなく若手にもリストラが影響している。「選択と集中」により、事業所が統廃合されたのも共通している。

◇企業への要望

リストラ症候群は職場ストレスの影響が大きい。短期間の業績回復を目的としたリストラが多いのが気にかかる。まず、企業は採用した以上は雇用責任がある。社員の雇用維持に努力すること。労働組合も勤労者の雇用確保に全力を注いでほしい。そして、経営者も労働組合も、リストラは最終手段と認識することが重要である（**図5**）。

やむを得ない場合は、対象者にしっかりとした「再就職支援」を継続してほしい。あるいは「企業内福祉」、すなわち採用し、同じ職場で働いている仲間を「何とかしよう」、「皆で支え、助け合おう」という視点が大事だ。

◇働く人へ～自己を見つめ直す～

休養ののち、余裕をもって考えることができる時点で、「なぜ働くのか」、「仕事生活、家庭生活、仲間、生きがい」について検討してほしい。また、自己の「良い点と弱い点」なども見つめてほしい。このような過程を通じて、「会社中心の人生」から「家族や友人などと過ごす生活」が重要であるという視点になってくる。

◇「自己肯定感」を持ち続ける！

対象者は「リストラされた自分」を否定的にとらえる。本人だけではなく家族や友人なども同様に思う。これでは対象者の活力が落ちていく。

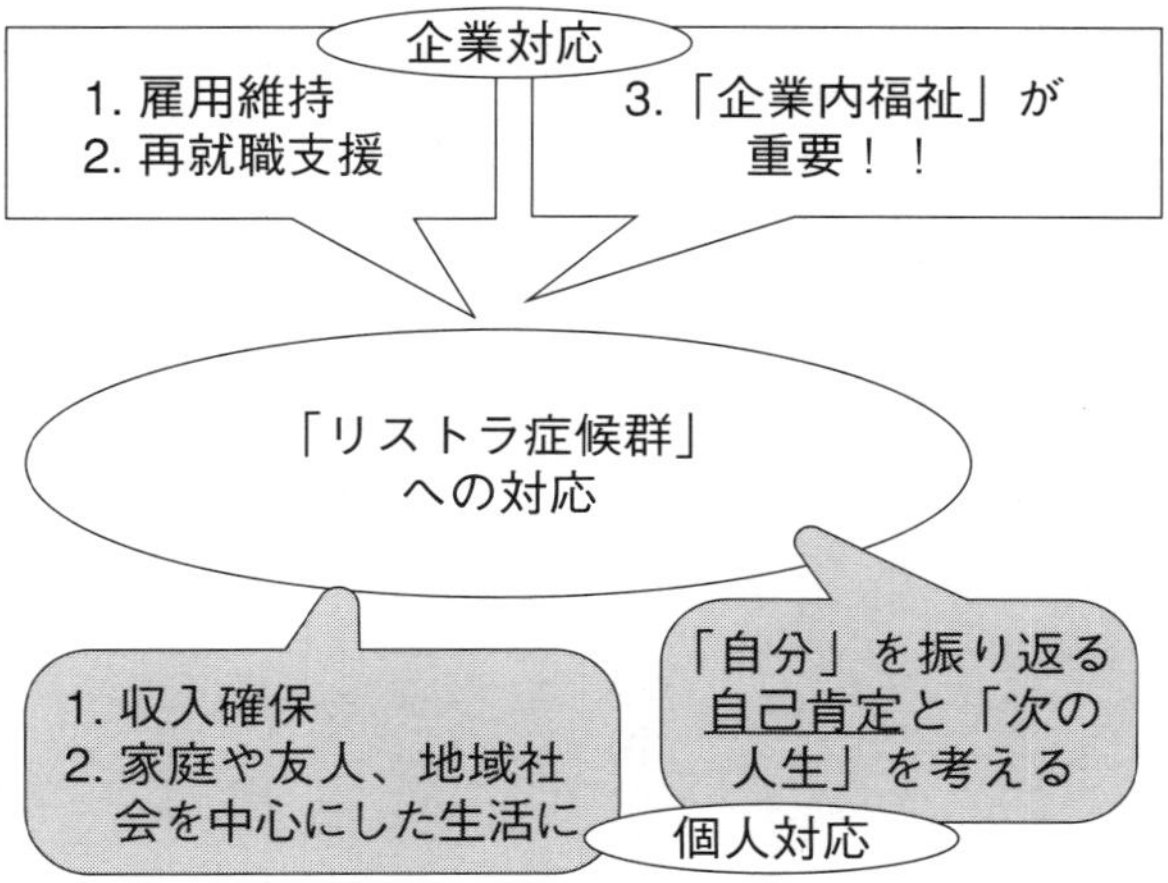

図5　「リストラ症候群」への対応

これまでの頑張りや、働いてきたことへの評価は大切だ。「自己肯定感」を持ち続けること。なぜなら、リストラは対象者の責任ではなく、企業側の都合によるからだ。会社から負荷されたもので、対象者自身の責任は少ない。

Dr.夏目の一言アドバイス

変化が激しく厳しい時代である。職場には、雇用確保と再就職支援に全力を注いでほしい。また、対象となった社員は、自分ばかりを責めるのではなく、自己肯定感を持ち続け、前向きに人生に取り組んでいってほしい。

3　中高年女性を襲うトリプルパンチ

男性の心身の危機は定年後に多く、女性のそれは45歳から50代前半といわれる。なぜならば、「役職ストレス」や「空の巣症候群」と「更年期障がい」が重なる年代となるからである。「産み、育てる」などの目標が、子どもの独立によって終わったことで、目標喪失状態となる。加えて、同時期に閉経が伴う。女性の人生における大きな転換点。その時期に主任や課長などの役職にあり弱音を吐けない。まさに、トリプルパンチの状況である。どうすればよいのだろうか。事例をあげながら、対応を含め説明をしたい。

事例5　49歳経理課長の山中弥生さん（仮名）
◇空の巣症候群

販売会社で経理課長をしている山中さんは、定期健康診断後の相談で、産業医に以下の内容について実感を込め訴えた。

「先生、経理課長の仕事はしています。男性の部下には気を遣っています。何とか乗り切れそうです。

今朝も起床して家事をしてきたのですが、気持ちが乗らないのです。イキイキとした感じがないのです。生きているという実感がしない。世間から見れば、私は恵まれているのでしょうね。息子は結婚し、ある企業の本社で仕事をしています。高校時代、強烈な反抗期があって苦労させられたのが今では懐かしいし、生きがいだったとも思えます。娘は京都の大学に進学して、今は一人暮らし。家では夫との2人の生活です。いまさら、夫婦の会話でもないでしょうしね」、「夫は、プロ野球観戦とゴルフ以外は取りたてて趣味はない人です。たまに、2人で外食をするくらい。空気みたいな存在だし、大きな期待はないです…」と、せきを切ったように話した。

◇更年期障がい

さらに、「先生、朝起きても、実感がないというか…。何をしていても、むなしいというか…。以前ならば、『子どものためにあれをしなければ、これをしなければ…』、とあれこれあったのに…。忙しく、しんどい思いもしたけれど、実は充実していたのですね」、「時々、涙が出てきて、しょんぼりしてしまいます。病気でしょうか？　夜は眠れます。たまに、動悸がし、体が火照ってきます。更年期のせいもあるのでしょうね」と問いかけてきた。

◇発症のメカニズム

事例は、子育てが終わって子が離れていき、母の「愛の巣」がカラッポになる「空の巣」状態を示している。子育てという大きな目標が達成され、目的がなくなる。このような状況は目標の喪失であり、「空の巣症候群」（Deykins,E.Y. らが命名）と呼ばれている。これは、多くの母親に見られる。

この症候群の発症メカニズムを、**図6**に示した。人は目標がなくなると、虚脱感に襲われたり、落ち込んだ気分になりやすい。この年代は、更年期障がいの時期と重なり、2つのストレスが重なって、心を襲う。

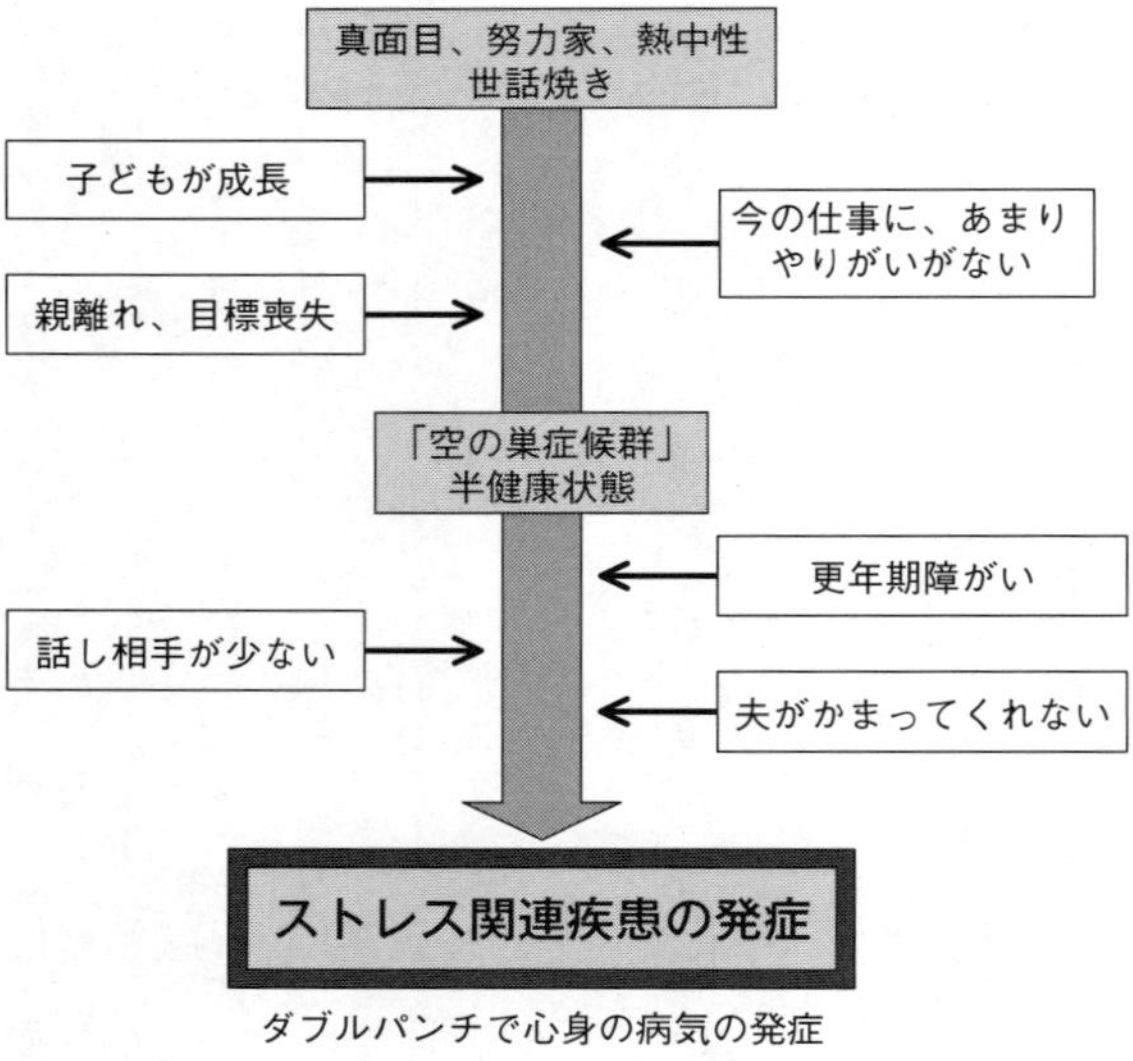

図6　「空の巣症候群」の発症メカニズム

第２章
変貌し続ける
社員の現状

夫婦のあり方を考える時期

このときこそ夫は、妻と心の結びつきを強くしてほしい。妻は育児に熱中している間は、夫の優しさを実感できない人もいるようである。それは、関心が子どもに向けられているからだ。しかし子どもが親離れし、妻の心が〝カラッポ、空の巣〟になり、さらには更年期にさしかかったときに、揺れ動き、つらい、しんどい状況を理解してあげるのだ。

さぁ、こんなときにこそ、夫の出番である。

◇つらいときこそ夫のサポート

「女性の身体には2回の大きな嵐が吹く」と言われるが、これは「初潮と閉経期」のホルモン分泌の大きな変化が心身に与える影響を的確に表現したものだ。自律神経系が不安定になり、「のぼせや動悸、寒気、冷や汗」などの自律神経症状が出て、心は不安定になりやすい。ちなみに、男性にも「更年期障がい」はあるが、女性に比べると少ない傾向にある。

この時期に夫が妻をどれだけサポートできるかが、夫の定年後の生活に響いてくるのだ。仕事に熱中するあまり、この時期に夫婦の精神的な結びつきがないと、いざ2人だけの生活になったときには、心の距離が広がりやすい。妻が一番つらいときの夫のケアが、定年後に愛やサポートとなって返ってくる。

「〝自分の人生〟を生きる」へ

図7に対応の過程を示した。自分だけでなく、多くの女性が通っていく過程という認識から始まる。対象者は自分を振り返って、時間をかけながら新たな目標を作っていくのがよい。「子どものための人生」から、「自分を生きる人生」への転換点ともいえる。

休養をとって、今までの蓄積疲労を解消してほしい。少し余裕ができたら、今まで時間がなくてできなかった趣味やスポーツ、楽しみを行ってほしい。

あるいは、「自分史」などのライフワークを見つけるのもいいだろう。カルチャーセンターや各種の集まり、イベントなどに参加し、試行錯誤をしながら目標を見つけ

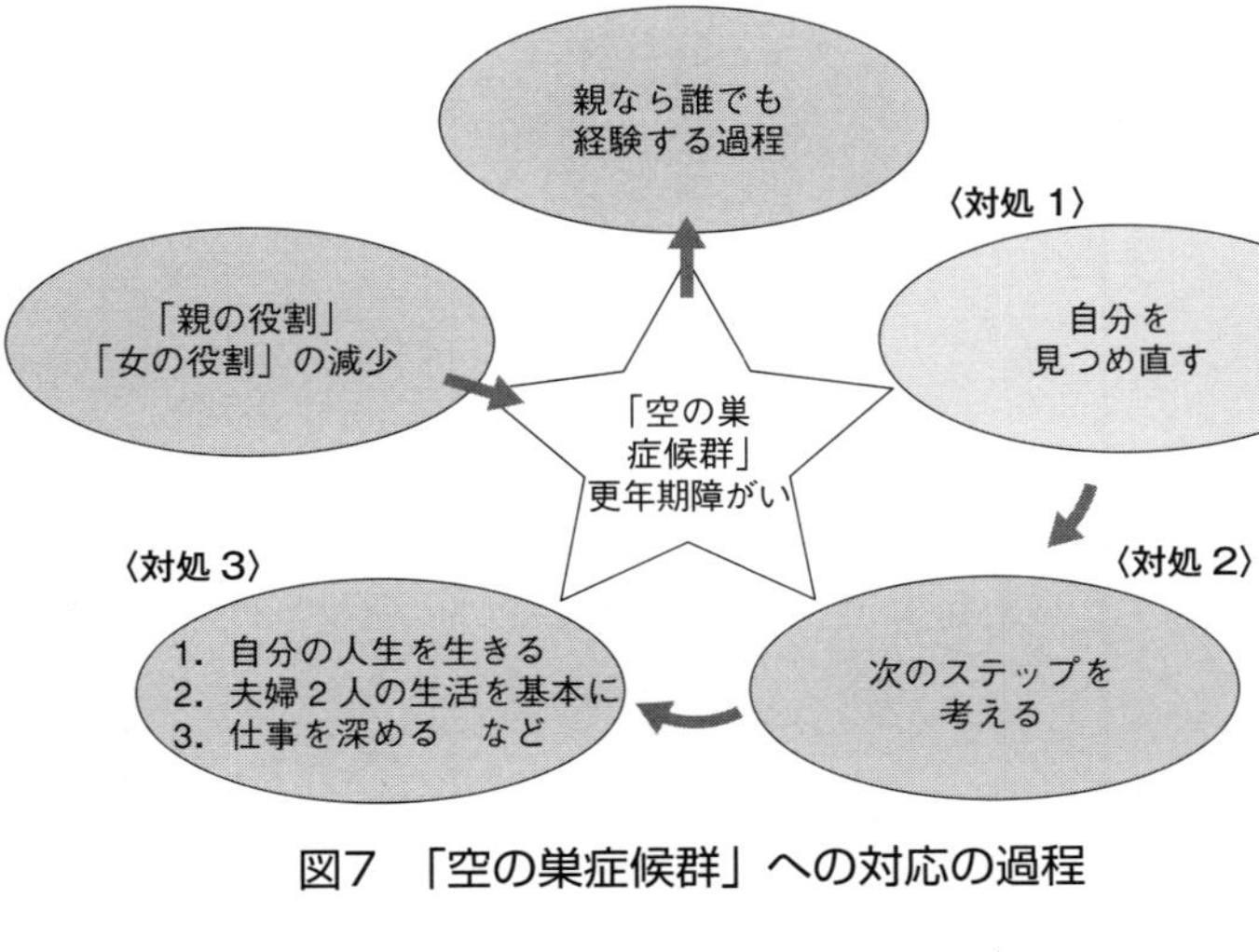

図7　「空の巣症候群」への対応の過程

出す。多くの女性は、その過程を経て、何かをつかんでいくようだ。

または、サポートしてくれた優しい夫と、夫婦2人の生活を大事にしていく道もある。

人は単一のストレスでダウンすることは少ない。職場と家庭などの異なる「生活の場」のストレスが付加されてダウンすることが多いことを知ってほしい。

Dr.夏目の一言アドバイス

男性と女性では危機に陥る時期が異なっている。その理解が大切である。男性の多くは、仕事がなくなる定年後が多い。65歳前後である。

一方、女性は子育て終了後に更年期が重なる45歳から55歳くらいが多い。この時期を知り、お互いがサポートをするのが、良い夫婦関係につながる。「第二の夫婦生活」のスタートになる。

4　若手社員の「非婚化」が進む

「非婚化」が止まらない。それに比例し人口も減少。なぜだろうか。結婚への社会的制約が減ったこと、適齢期男性の収入の減少、「パラサイトシングル」の増加、さらには男性の〝草食化〟などが理由だろう。しかし「非婚」の増加はそれだけだろうか。

そこで、私は実情を知るために30代独身を中心に検討した。その結果、「非婚」の進む要因として、私は「寅さんシンドローム」と、「自立！自立‼シンドローム」の2つを提唱したい。まず身近な事例から説明し、考察を加える。

■「非婚化」と「寅さんシンドローム」

事例6　失恋で茫然自失の31歳、中川和子さん（仮名）

◇「長すぎた春」と「寅さんシンドローム」

大手メーカー総務部に勤務する和子さん。最近、落ち込んだ状態が続いている。「メンタル不調」を心配した課長にすすめられて、産業医と面談。産業医は職場ストレスがあると考え、対応した。その過程で、3年後輩の綾子さんと、仕事上のことでうまくいっていないことが分かった。しかし、それが主たる原因ではないように思えた。3回目の面談時に、以下のことが分かった。

和子さんは、25歳のときから恋人の太郎さん（28歳）と交際。5年も経ったので和子さんは時折、結婚のことを持ち出す。彼の態度がはっきりしないので、思い余って、「結婚してくれないのなら…、別れて他の人と結婚するかも」と言ってしまった。その日を境に、彼は連絡を拒否した。友人を通して彼の心境を探ってみたところ、「結婚したくない。妻や子どもに対して、責任を持たなければならないから。僕がしたいことができなくなる！」ということが分かり、茫然自失。失恋となった。「対象喪失感情」から「うつ病」に陥る。

事例7　結婚を拒絶されうつになった29歳、稲山明子さん（仮名）

◇結婚より自由がほしい男性

証券会社に勤務の明子さんは、24歳から現在の彼と交際。テニスを通じて知り合い、交際が始まった。明子さんは彼を結婚の対象として考え、一緒に暮らすようになった。子どもが欲しくなったので、彼女は結婚を迫った。しかし、彼（31歳）は「結婚したくない」、「好きな登山をしたい。結婚すれば、自由も金も時間も家庭に取られ、好きなようにできない」と強く言う。そこで「なぜ、私と交際し、同棲までしたの?」と詰め寄った。すると、「彼女はいたほうがいい。トキメキがある。しかし、『結婚』と『山登り』を、てんびんにかければ、山のほうが高い」と言う。さらに「映画にある『フーテンの寅さん』のように自由に生きたい」とつぶやいた。以後、明子さんは結婚の望みが絶たれ、「うつ状態」に陥ってしまった。

適齢期の女性が結婚を拒否される

共通しているのは女性が29~31歳と結婚に関して微妙な年齢。また、交際が長期間に及んだので結婚を強く迫ったが拒否された、という点にある。なぜ、このようなことが生じるのだろうか。私は、この2人の相手の30代の独身男性に共通してみられる現象を『男はつらいよ』で大ヒットした「フーテンの寅さん」にちなんで、「寅さんシンドローム」と考えた。2人の女性は、この「シンドローム」の男性に振り回されている。

寅さんは、風が吹くまま気の向くまま、全国を飛び回って「テキ屋」の仕事をする。時々、彼の故郷である東京・葛飾区柴又にある「とらや」に帰ってくる。寅さんは、多くの「マドンナ」に失恋している。しかし、寅さんは2人の女性から愛の告白や結婚を迫られた。

あっしのこと
は忘れて
おくんなせ〜
ブツ
あたしの
人生
どうなるの
よ〜
ウッ
行かないで
〜

そのとき彼は、「俺なんかと結婚したら不幸になる」と逃げた。すなわち無意識の世界では「風が吹くまま、気のむくまま」に象徴される束縛されない自由人でありたいからだ。

「寅さんシンドローム」―束縛されず、責任を取りたくない生き方

◇オタク傾向と高い身辺自立度

「寅さんシンドローム」傾向が高いのは、30代の独身男性で、オタク傾向（アニメ、ゲーム、パソコン、インターネット、アイドルのＡＫＢ48などに熱中。あるいは趣味に生きる）があり、かつ身辺自立度（掃除、食事、洗濯など家事が自分できっちりできる）が高い人であろう。また「オタク傾向」に通じるのが「〝現実の女性〟より〝マドンナ〟、あるいはアニメやフィギュアの２次元の美少女に憧れる。トキメキは欲しい」というものである。「オタク度」と「身辺自立度」が高いほど、「寅さんシンドローム」度が強くなる。

◇束ばくされず自由に生きたい

また、**図8**に示したように「会社や家庭に縛られず、好きなように生きたい」のが、「寅さんシンドローム」の本質である。かつては、大人になることへのモラトリアム（執行猶予）とされた生き方であったが、それが「新たな自己確立」として浸透している。ご理解いただけただろうか。今後は「新しい生き方」として、増加するだろう。

女性と交際するが、結婚はしない
好きなことをして生きる！
会社や家庭に縛られたくない
モラトリアムか新たな「自己確立」か
結婚しない！！

図8　「寅さんシンドローム」→その本質は？

Dr.夏目の一言アドバイス

かつては「青年期の生き方」とされていたモラトリアム（執行猶予）が中年期まで延長している。このようなシンドロームは、男性に多い。私は「多様化している社会」における、〝新しい生き方〟と考えたい。一方、女性の側からは、交際する婚期を意識するならば、男性の見極めが大事だろう。

■「自立！自立!!シンドローム」の自己完結の世界

日常、われわれがよく耳にする言葉に、「自立」や「自己選択」、「自己責任」の3つがある。「自立」は大きく分けて「精神的自立」と「経済的自立」、身の回りのことができる「身辺自立」の3つに大別される。「自立」は大切なことであり、大人になるためには必須である。しかし、人はひとりで生きていくわけではない。夫婦や家族は相互に依存しているし、社会生活には適度な依存は必要だ。

私は「自立」を意識しすぎるために、適度な依存が苦手な人を、「自立！自立!!シンドローム」と命名した。その要因として親（特に母親）から自立意識を過剰に刷り込まれたため、適度な依存が必要なときにも、それが強迫されたように迫ってきて「ほどほどの依存」ができない。これについて、2つの事例をあげながら説明していきたい。

事例8　専業主婦の母に、自立を刷り込まれる33歳の山田亜希子さん（仮名）

33歳の亜希子さんは、一流大学の大学院修士課程を修了後、大手企業の研究所に勤務している。新製品を考案し、業績に寄与してきた。性格は、きちんとしていて完全主義である。

彼女は2子中の第1子として商社部長をしている父親と、専業主婦の母親に育てられた。しかし、両親の仲はよくない。父は横暴な人で、母は耐えていた。そのため、母は小さい頃から亜希子さんに「女も自立しなければダメ。私のような専業主婦だと、別れたいと思っても経済的な裏づけがないので、できない」、「あなたは仕事をもって自立し、1人でやっていける人になりなさい！」、「自立よ！自立すること‼」と絶えず言い、彼女はそのとおりに実行した。

◇「適度な依存」ができず孤立

彼女は経済的にも精神的にも自立し、身辺自立もできていた。しかし「自立」を強く言われ潜在意識に刷り込まれたため、人に相談したり適度に依存するということができない。そうしようとすればするほど、母の言葉である「自立！自立‼」が頭に浮かび、「人に頼ってはいけない」と思うからである。

亜希子さんは、自分だけの仕事は完璧にできる。しかし、主任研究員に昇進したため、研究員の指導をしなければならない。それができず悩む。心配した上司の室長が彼女に声をかけ、「相談に乗るから、いろいろ話してごらん」と言ったが、「1人で頑張ってみます。あまり頼りたくないので…」と主張。落ち込んでいくばかりであった。

事例9　男性でも身の回りのことには不自由しない丸山悟さん（仮名）

◇専業主婦の母が家事を仕込む

一人っ子である30歳の丸山さんも、母親は専業主婦。父親は某企業の重役で、仕事一筋のモーレツ社員タイプ。帰宅は夜遅く、休日も接待ゴルフなどで多忙。母は丸山さんに対して、「お父さんは仕事は有能よ。でも身の回りのことは私に任せっきりで、ほとんどできないのよ！『飯、酒、寝る』しか言わないいんだから」、「あなたには身の回りのことは自分でできるようになってほしい」、「自立よ、自立しなければ」と言う。そして高校生の頃から丸山さんに家事を教え、彼もマスターしていった。

◇自立しているから自由に生きたい

メーカーに勤務している彼は現在、マンションで一人暮らし。経済的、精神的に自立しており、身辺自立もできているので、「1人の生活」に何ら不自由を感じない。親から結婚を勧められるが、気が乗らない。「1人のほうが気楽だなぁ。自分で何でもできる。自立しているから…」、「結婚しても、妻とのコミュニケーションに自信がない。好きなこともできない」とつぶやく。

このシンドロームの特徴

「自立!自立‼シンドローム」の2つのケースを紹介した。事例8の亜希子さんは「精神的自立、経済的自立」を、事例9の丸山さんは「身辺自立」を言われてきた。それらを言い続けたのは、専業主婦である母親。自分が満たされない、果たせなかったことなどを子どもに強く要求してきた。「自立」することを潜在意識として刷り込まれた子どもは、何か行動するときに強迫的な言葉(「自立よ、自立しないと」)がよみがえってくる。そして、そのことが「過剰に自立」を意識させる。専門的に言えば、「強迫思考」である。**図9**にこのシンドロームの特徴を示した。「自立」にも程度がある。自立度が低く「依存」しすぎても困るが、過剰になると「適度な依存」が難しくなりやすい。「自立」は重要であるが、人間関係は「ほどほどの依存」や「相互依存」がないと「関係性」がスムーズにいかない。「持ちつ持たれつ」や「チームワーク」で、物事は進むのだから。

◇「相互依存」と「自立」

「非婚」が増加し、社会現象になっている。もちろん「結婚」することが良いとは限らない。事実、「バツイチ」が増え、「仮面夫婦」も多いからだ。

ここでは「非婚増加」の要因を考えたい。前述の30代男性の「寅さんシンドローム」とともにあるのが、「自立!自立‼シンドローム」である。

図9　「自立！自立!!シンドローム」の特徴

ポイントは、図9に示したように、「依存」がしにくい点にある。すなわち、自立を意識しすぎるために、事例の亜希子さんのように人に頼りたくないので相談できなくなり、しんどくなる。まして恋愛においては、異性に身構えてしまう。会話がスムーズにいかない。だから「夫はある面を妻に頼り、妻は自分の弱い所を夫に頼る」という「持ちつ持たれつの相互依存」ができない。そんな苦労をするくらいなら「独身のまま」がよいとなる。それが「非婚」につながっていくのだと私は考える。

◇ほどほどがポイント

何ごとも「ほどほど」が大切。「自立」も「ほどほど」である。「強迫思考」に至るほどでは、適応がうまくいかない。「自立」が叫ばれる今日、ひとつの警告として、このシンドロームを紹介した。

Dr.夏目の一言アドバイス

自立が叫ばれる世の中。欧米思想の影響も大きい。そんなに自立が大切かどうか。人と人との関係は「持ちつ、持たれつ」で成り立っている。苦手な部分など、「適度な依存」が人間関係では必要である。この症候群では、それが成立しない。「ほどほどの依存」を基本にした、相互依存の大切さを再認識してほしい。

5　意外と気づかない「イメージ・ギャップ症候群」の増加

今の世の中ほど、〝若さ〟がもてはやされる時代はないだろう。**図10**に、現状を示した。人格の成熟より、「若ければ良し」とする風潮がある。若ければすべてが満たされ、かなうという時代の流れになっている。その背景には、「超高齢社会」の進展がある。

図11に示したように、多くの人は40代の初めまでは「登り坂」であり、それ以降からは「下り坂」になるだろう。一般的に「登り坂」はエネルギーがあり好調で、多くのものを獲得する。一方、「下り坂」は不調が多く、両親の死などの喪失を伴う。しかし「『自分』の人生を生きる」という魅力も大きい。

事例10　48歳の男性、松島さん（仮名）

松島隆さんは大学卒業後、大手販売会社に就職。順調に昇進し、本社営業部長として法人関係の仕事をこなしている。性格は明るく頑張り屋。出張が多く、月の半分を占めている。

彼の頭では「38歳で世界中を飛び回ってバリバリと仕事をし、疲れを感じない自分」

のイメージが強い。しかし、実際は48歳で、10歳も違う。「実年齢」と「自分は10歳以上若いという思い込み」との間に、大きなギャップがある。そのため、疲れが蓄積されていても、何が理由なのかに気づいていない。そのような背景から、能率低下や疲れを感じたときには、コーヒーやアルコールの力を借りながら仕事をこなす日々だった。

しかし、海外主張中に不安が強くなり、めまいを感じた。そこで、帰国後に循環器内科を訪れて精密検査を受けたが、異常はなかった。しかし担当医から、「疲労の蓄積がある。無理し続けたのではないか」と説明された。

◇「10歳若い自分が私だ!」

事例のような内容がまさに、「イメージ・ギャップ症候群」である。松島さんの場合は、「30代後半の自分」のイメージと、「現実の自分」とのギャップに気づかず、無理が続いたのである。

「ギャップ」の気づきと脱却

〝こころ〟と違い、〝身体〟は正直なもの。なぜなら、〝こころ〟は意図的にごまかせるから。しかし、〝身体〟は年齢である48歳の肉体なので、年齢相応の疲労の蓄積がある。〝身体〟は、

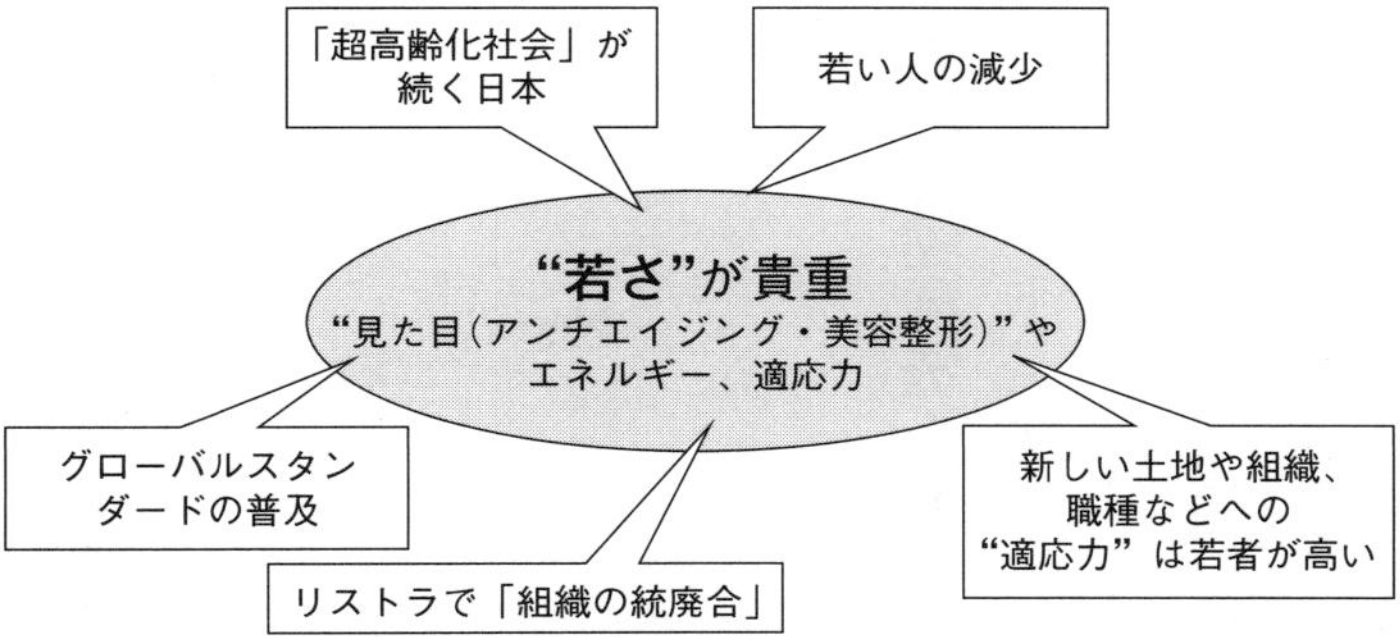

図10　“若さ”が貴重な時代

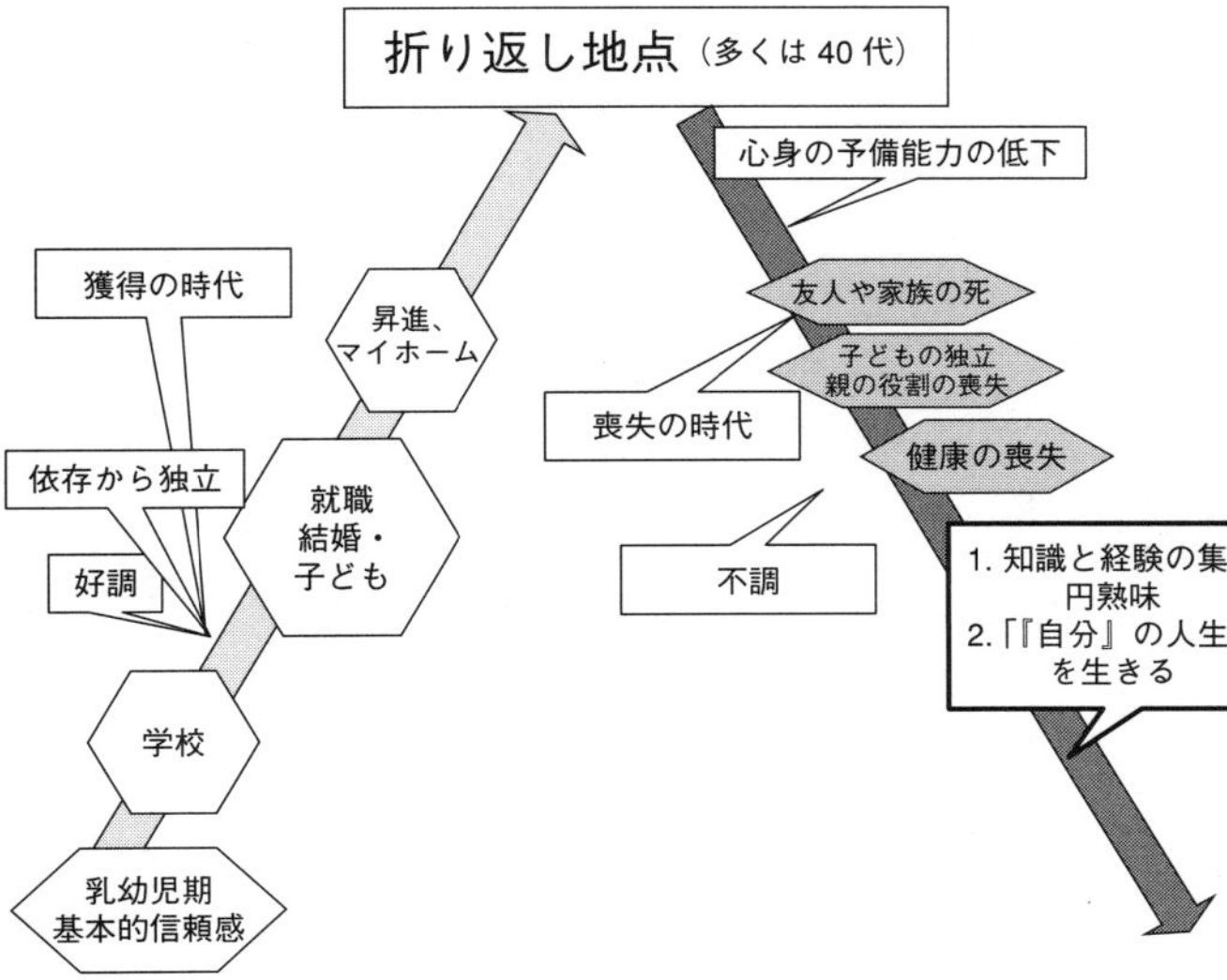

※「人体の構造と機能および疾病」、「精神保健学」など（精神保健福祉士養成講座）の内容や学説を含め夏目が図式化した。

図11　人生を「峠」に考えると…

「もうダメ、バテた！」と信号を出している。それを無視して頑張ったので、さまざまな症状が出現したのである。

さて、この「イメージ・ギャップ症候群」に対しては、どう対応したらよいのだろうか。筆者の場合、カウンセリングで対象者（相談者）の気持ちをじっくり聴く。ポイントは、対象者の「強い自己愛」や「妥当でない思い込み」への気づきである。〝思い込み〟について、彼は「〝若い自分〟と思いたかった」、「いつまでもバリバリやりたい。生涯現役が目標」と、「中高年者はリストラの対象になりやすいというイメージがあった」。

この過程を経て、「イメージの自分」から少しずつ脱却し、「現実の自己」を受容できるようになり、無理をすることがなくなっていった。

認知行動療法こそ

この症候群への対応のポイントを**図12**に示した。

すなわち、妥当でない〝思い込み〟（認知のゆがみ）への気づきから、修正が始まっていく。専門的に言えば、「認知行動療法」（現実的でない思い込みの修正）である。

彼は、〝自信満々という私の自己愛が、自分は若いと思わせていたのか〟、〝本当の自分の年齢を受け入れていくことが大切〟と気づく。それを「修正したい」と思う。そうなれば、力みがほぐれ、無理をすることも減ってくる。これが、〝本当の自分〟の受容である。

　若いと思いたい気持ちは誰にでもあり、それは問題ではない。事例のように度が過ぎ、10歳も若いと思い込む点に問題がある。何事も「ほどほどが大事」である。

Dr.夏目の一言アドバイス

若さがもてはやされる時代。そうでなくても「自分は若いと思いたい欲求」が強い。若いと思い込み無理をして「メンタル不調」に陥る人がいる。ポイントは自己を客観的に見る視点が重要だ。ツライ作業だが「もう、若くない」現実のありのままの自分を受け入れてほしい。

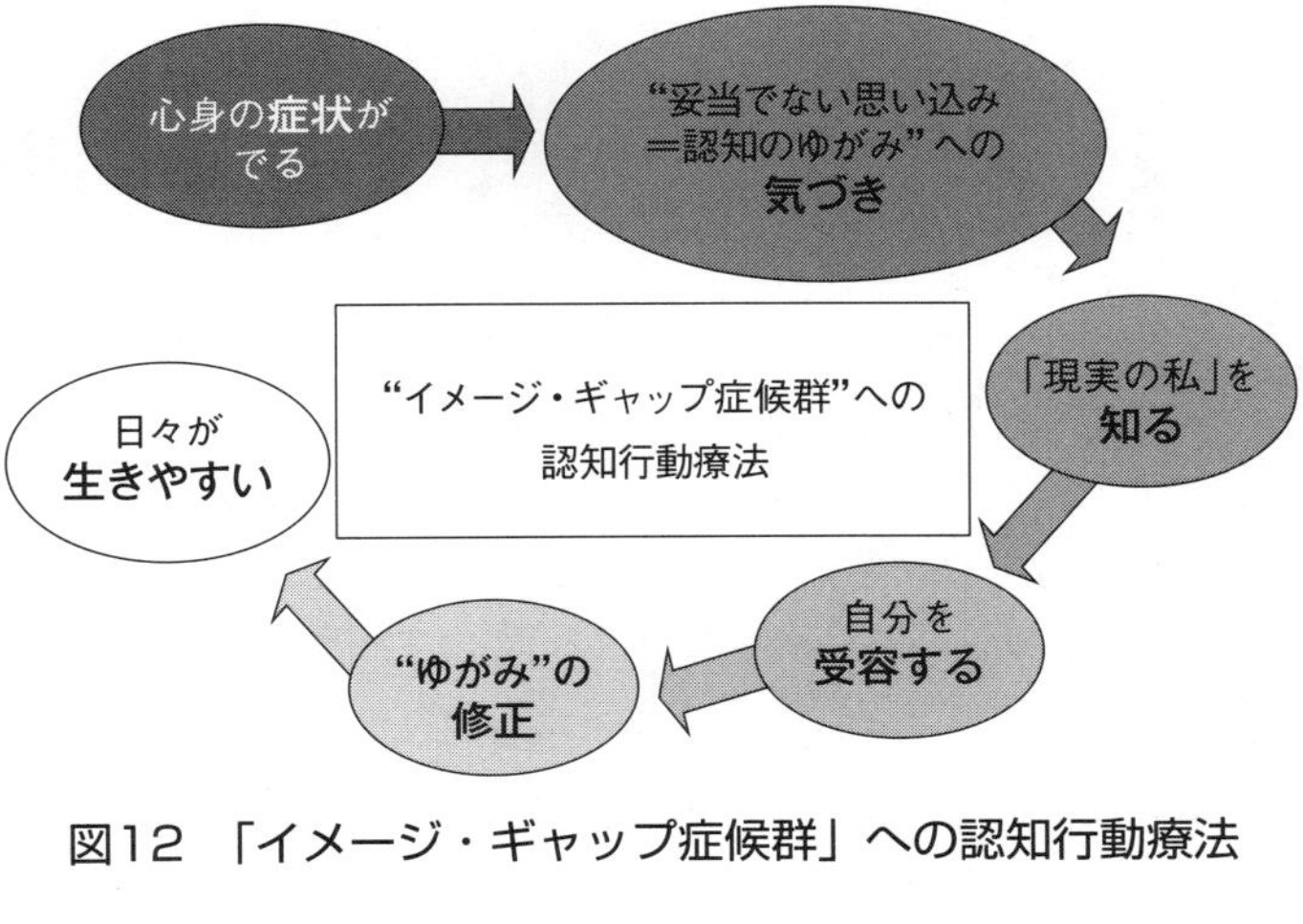

図12　「イメージ・ギャップ症候群」への認知行動療法

第2章のまとめ

変化し続ける社会や企業経営

近年、社員の意識、価値観などが変化し続けている。第2章はその特徴や要因、対応についても身近な事例をあげながら説明した。これらの現象は現代社会の変化が要因となっている。すなわちグローバル・スタンダードに伴う世界的競争や急速な技術革新の連続、長引く不況、サービス業の増大である。また、「少子高齢化の進展」や「人口の減少」、「多様化社会」なども関与している。

社員は意識変革と柔軟・多様性が求められる

社会や企業はドンドン変化し続ける。その流れに適応していくために求められるのは思考や価値観、行動パターンなどの柔軟性と多様性である。つまり〝思い込み〟や先入観、成功体験などにとらわれない「ちょっと先を読む」対応であろう。変化には理由と必然性があり、それは時代の要請に応じた〝姿〟として受け止める。変化を一つの見方だけでなく、異なった視点から考えたり、多角的にとらえていく姿勢から始まる。

上記の積み重ねが、次章で紹介する大きな企業変化に対応できる、「プロ社員」につながっていく。

第3章

企業における大きな変貌

講演で企業を訪れる際に感じるのは、この15年間で、職場の風景が様変わりしたことである。かつての〝ワイワイガヤガヤ〟した活気がなく、〝シーン〟と静まり返り、黙々と仕事をしている職場が多い。職場の時代の変化を考察し、業種や職種にも着目し事例をあげて解説する。

1 「グローバル症候群」の浸透

グローバル化していく企業の中で…

私は、グローバル化していく日本の企業で生じた「過剰ストレス状態にある人たち」を「グローバル症候群」と命名した。**表1**に示したように、グローバル化は欧米から始まった〝新自由主義経済〟が背景にある。それによれば、会社は「株主」のもの。収益増大を最大目標とし、社員などは低い人件費で働かせ、コストを下げる流れがある。

一方、今までの日本企業の特徴はそれとは異なり、「企業＝共同体」、仲間の集まりと考えた。すなわち経営者と社員が一体になって会社を大きくし、〝儲け〟を増やす。その〝儲け〟で、会社を発展させ、みんなが豊かになるのを目的としていた。

表1　日本の企業における変化

	日本企業	グローバル化した会社
背　景	労使協調の家族主義的経営	新自由主義経済
会社とは	「共同体」的役割	「株主」のもの
特　徴	終身雇用・年功序列 労使協調	収益の増大が第一 数字・数字・数字の世界
雇用形態	社員≒正社員	正社員、契約・派遣社員など
経営方法	業界内の競争	企業の合併や買収など
心身の不調	仲間、企業内福祉で対応	収益最優先、福祉は軽視

しかし現代の日本企業は、今までのやり方ではうまくいかなくなったため、〝新自由主義経済〟を取り入れる流れが主流になりつつある。グローバル化しているのだ。それに伴いリストラや長時間労働が増加し、「メンタル不調」者が増えた。特に「うつ病」は顕著である。代表的な事例をあげ説明し、対応について述べる。

事例1　笹原さん（仮名）48歳　副社長としてアメリカへ単身赴任

大学卒業後、現在の商社に入社して26年になるビジネスマン。アメリカ現地法人副社長。ノンビリ屋の妻と高校生の長男、長女の4人家族。性格は、責任感が強く、出世欲もあり、タフでやり手と言われている。長年、営業を中心とした業務に従事し、本社営業第一部長から昇進した。これまでは家族同伴で赴任していたが、昨年4月からは単身で赴任した。なお、笹原さんは海外駐在経験が豊富で、語学も堪能である。

◇業績の悪化と空回り

6月からは、競争が激しく営業がより難しい地域に担当が替わった。その上、ライバル会社のテコ入れと季節的要因が重なり、当時本人が力を入れていた主力商品の売り上げが前年度実績の3分の2に落ち込む。盛り返そうと努力するが、売上高は向上しない。本社から「君に期待している。もうひと頑張りだ」とハッパをかけられた。

焦燥感が強まり、夜も眠れなくなった。立て直しのため躍起になればなるほど空回りに終わり、心身ともに疲れ果てて落ち込んでしまう。単身赴任なので、グチを聞いてくれる妻もいない。気分転換もうまくいかない。生活のリズムが乱れ、症状は増悪していく。

◇自殺未遂→帰国→治療と家族の協力で職場復帰

10月に、自殺を企図（くわだてる）する。幸い、夜中に近隣の人に発見され救急センターへ。救急処置が行われ、精神科でも治療を受ける。症状がやや軽快した時点で、日本へ帰国。現地の社長から本社常務に連絡→産業医に連絡→妻同伴で社内の「ストレス相談室」に来所、という経路をたどり、本人と家族を中心にした治療を行った。症状軽快後、産業医との連携で、職場復帰支援を行う。本社部長として復職し、再発はない。

事例2　中野さん（仮名）29歳　課長として中国に単身赴任

大学卒業後、メーカーに就職した技術系の社員。商品検査業務を中心として、着実に仕事をしてきた。性格は几帳面で融通性に欠け、人づきあいは下手なタイプ。

昨年1月に3～4年の予定で中国へ単身（独身）で赴任する。語学は不得手なほうだった。日本人5人を含む300人規模の現地法人会社で、課長として商品検査業務を行う。

言葉が通じにくいので仕事がやりにくい上に、新しく別の検査マニュアルの作成を要求され、多忙となる。さらに海外ということもあり、本社勤務とは異なり、ほかの業務も処理しなければならず、負担が重なり、ついに仕事のミスが出てしまった。

◇仕事ミスから「引きこもり」に

これをきっかけに自宅にとじこもってしまった中野さんは、勝手を知らない海外での生活のため気分転換もできず、相談する相手もなく困惑状態に陥る。出勤してこないことに気づいた社長がマンションを訪問して「とじこもり状態」の彼を発見し、対応をした。部長同伴で日本に帰国し、ストレス相談室を訪れた。

傾向と対応

海外赴任が高ストレスとなり、不調者を発症する「グローバル症候群」の背景を**図1**に示した。「メンタル不調」のポイントは、多忙で少人数の仲間しかいないため、発見が遅れやすいこと。次に「自殺・自殺未遂」などの重症化したケースが多い点にある。

具体的な対応を**図2**に示した。まず、彼らの仕事の負荷を減らすことが大事である。次に長時間労働になりやすいので、労働時間をしっかり管理すること。さらに外国では医療事情が分かりにくく受診が難しいため、年に最低2回は産業保健チーム（産業医と産業看

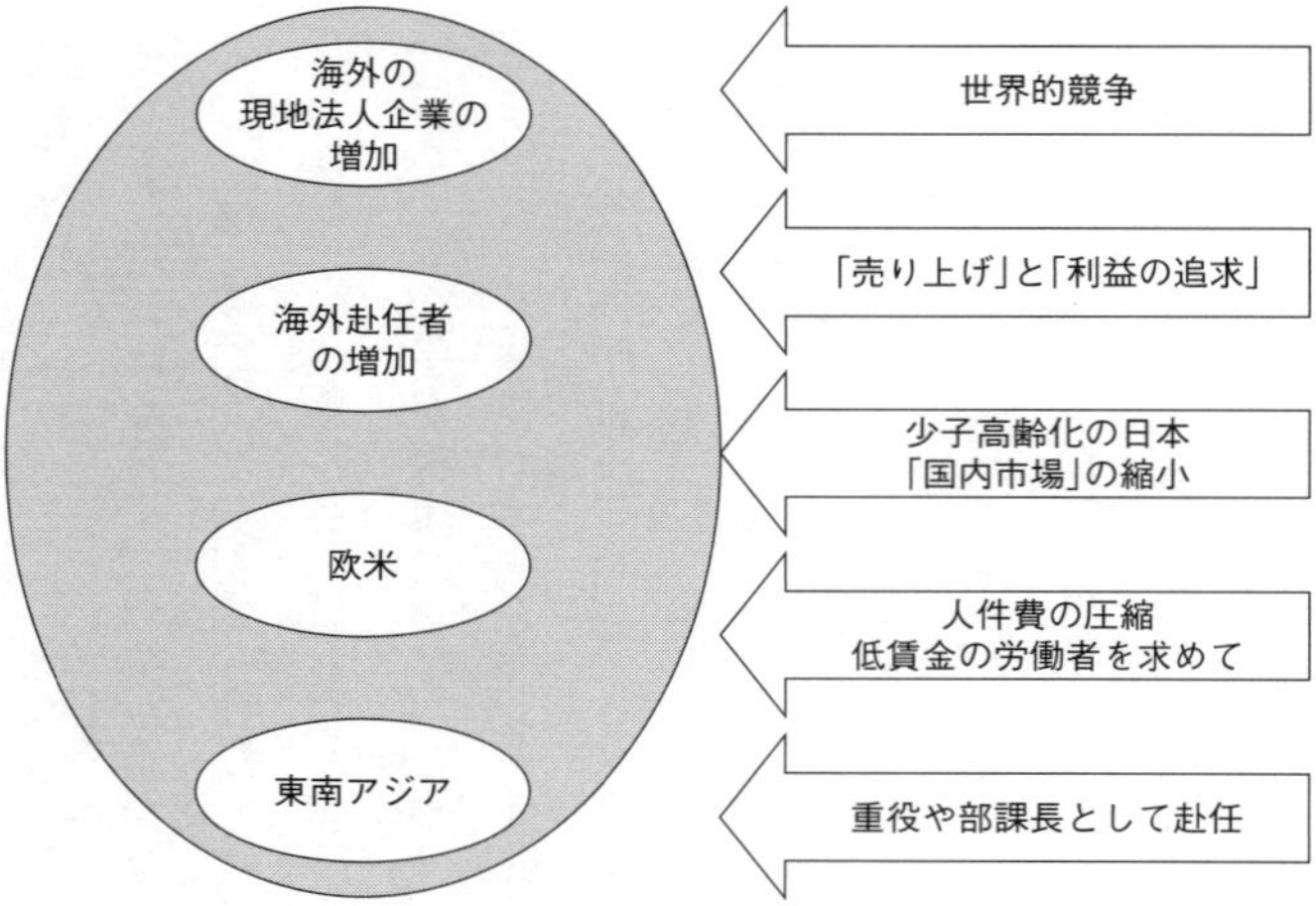

図１　海外赴任者の心理・社会的背景

護職）による現地への巡回が必要である。

また、「メンタル不調」に対する気づきが難しい人が多い。研修等で指導を受けて、「自己開示力（相談できる力）」をつけさせてほしい。海外赴任が増加する昨今、企業の担当者は早急に対策を講じてほしい。

◇「縦の人脈」と「横の人脈」を広げる

また、これらの対応をサポートする体制として、「縦の人脈」と「横の人脈」を提案する（**図３**）。「企業対応」としては、グローバル化をしても従来からある日本的な良さを残すこと。例えば「企業内福祉」や「チームワークで仕事をする」、「社員同士の助け合い」などである。

一方、社員側としては、企業を「共同体」と思わず、会社に依存しないこと。会社か

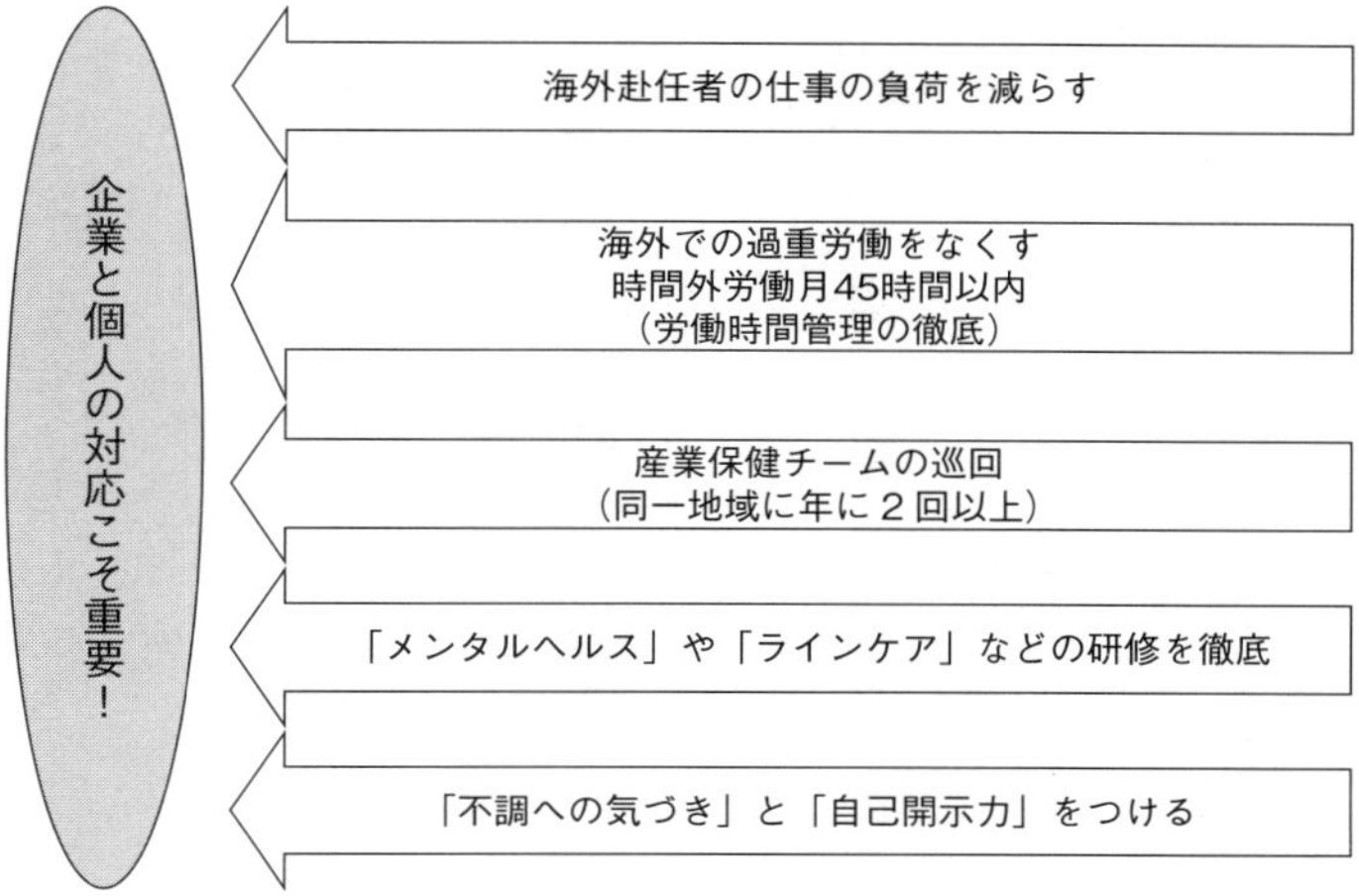

図2　「対応」のポイント

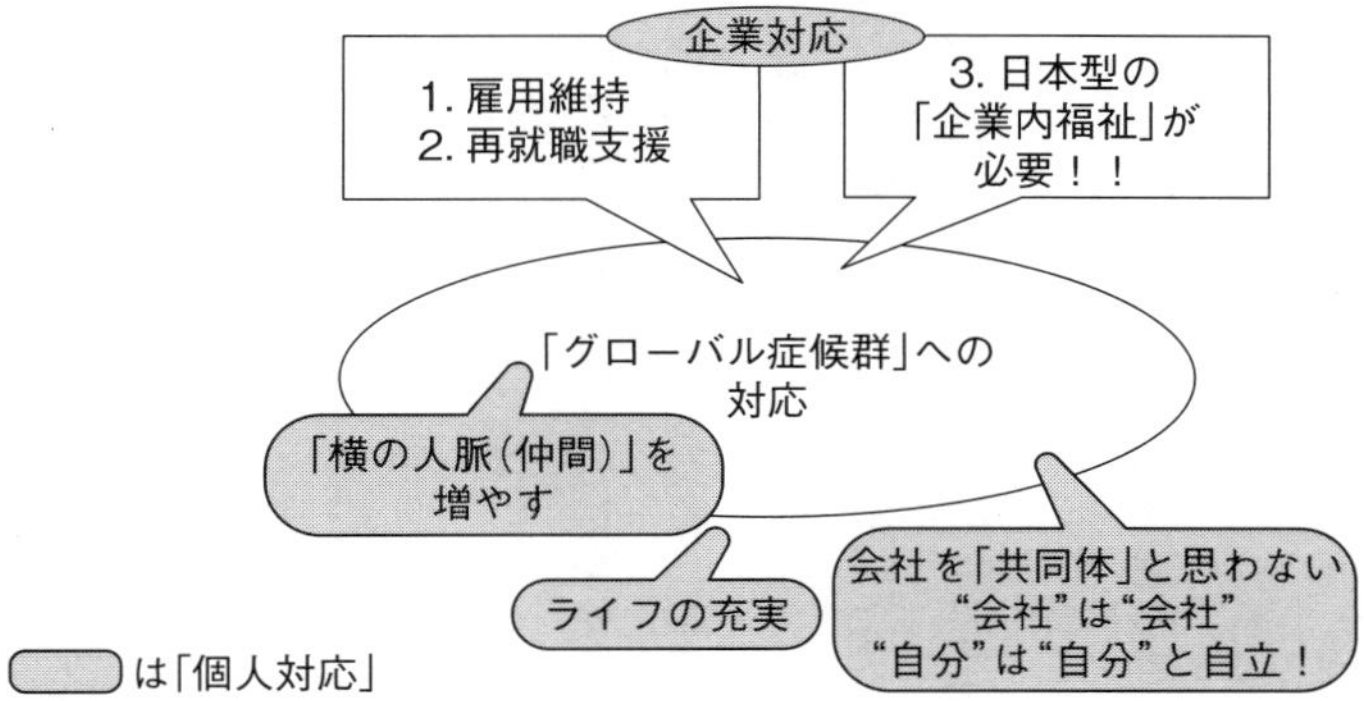

図3　「グローバル症候群」への対応

ら自立するのが大事だ。その一環として、家庭生活の充実や趣味などの生きがいを持つこと。具体的に言えば時間外労働を減らし、家庭や趣味などの時間「ライフ」を増やす。特に重要なのは会社以外の「横の人脈」、利害関係の少ない打ち解けた仲間を増やすことである。

Dr.夏目の一言アドバイス

海外赴任先はかつては〝西欧〟が主流であったが、今は〝東南アジア〟が多い。海外で生じる「メンタル不調」の問題は、仲間の数が少なく、おまけに多忙なため「本人や職場関係者」の気づきが遅れることである。医療事情も悪く、単身が多いことも絡み「自殺・自殺未遂」などの行動が生じやすい。

対策としては、赴任者の労働負荷を減らし、時間外労働は月45時間以内にする。また、メンタルヘルスやストレスに関する研修の実施が必須だ。さらには産業保健チームの巡回回数の増加なども望まれる。

企業はグローバル化しても「企業内福祉」(福利厚生)などの日本的経営の良さを残すとよいだろう。それで救われる社員もいる。

2　いまの職場が喪失した「4つのもの」

かつての職場ではよく見かけられた存在で、いまの職場が失ったものが、4つある。読者はお分かりだろうか？　いずれも職場のキーパーソンとして、職場には不可欠な存在だったのではないだろうか。事例をもとに見ていこう。

事例3　部下の様子が気にかかる青木係長（仮名）38歳

青木さんはメーカーの営業部第3係長。家族は、妻と子どもが1人。打たれ強く頑張り屋である。このところ不況が影響し、営業成績が伸びていない。彼は、部下である入社2年目の黒田さん（男性）のことが気にかかる。仕事の件で話しかけても、「分かりました。すぐやります。頑張ります」と言って、すぐに席に戻る。しかし、彼の営業実績は同期の人の3分の1ぐらいである。青木係長は、指示したことが伝わっていないか、あるいは理解できていないと思い、彼に確認をとろうとする。だが、黒田さんは「分かっています。係長の指示どおりやっています」と、繰り返し言うだけ。青木さんとしては助言などをしたいのだが…。

◇注意ができない

青木係長はパワーハラスメント（パワハラ）講習会で聞いた、「営業A課の主任が20代の部下に2回注意したところ、部下は強く叱責されたと思って出社できなくなり、『プチ引きこもり』になった。これはパワハラの疑いもあるから、今後、役職者は注意してほしい」との話を思い出した。また、うわさでは営業B課の30代のベテラン女性社員が新入社員に注意をしたところ、「それはパワハラです」と言われたようだ。

このようなことが頭に浮かび「どうすればよいのか…」と戸惑っている。

〝鬼軍曹〟、〝お局さま〟が職場からいなくなった

事例3は、多くの職場で話題になっている若手社員指導の難しさを示している。「いまどき」の若手社員への教育の難しさである。なぜなら、「いまどき」の若者は、仲間など同年代の「横型の人間関係」はうまくつくれる。しかし「縦型の人間関係」に弱い。年長者や役職者との会話が苦手なようだ。クラブやサークル、生徒会などの活動経験が減り、先輩など年長者と接する機会が少なくなっているからだろう。

どうして、この事例のようなことが生じるのだろうか。かつての職場では役職者が指導しなくても**表2**に示したような〝鬼軍曹〟や〝お局さま〟がいて、しっかりと若手を教育

鬼軍曹・お局・ムードメーカー・雑用係

していた。〝鬼〟という名前が示すように、厳しく指導する。しかし、仕事を身につけることができた。〝鬼〟と言っても、実は〝情〟のある人が多かった。そのような人がいなくなった現状を表している。

◇係長の工夫

青木さんは、黒田さんの言動を観察していた。彼が野球に興味を持っていることが分かった。たまたま2人になったときに、黒田さんに声をかけた。「黒田くんは、スポーツはするの?」と聞いてみた。すると、「しますが、観るほうが面白くて好きです」という答えが返ってきた。そこで、「サッカー、それともプロ野球?」と聞くと、彼は「プロ野球です」と言う。「私は阪神タイガースファンなんだが」と言えば、「僕も阪神タイガースです」と即答。それからタイガースの試合や選手の話題で盛り上がる。

これをきっかけに雑談することが増えていき、次第に黒田さんの表情は明るくなっていった。彼の緊張がほぐれたところで、係長は仕事のポイントを、分かりやすく、具体例を示しながら説明した。すると彼は、うなずきながら聞くようになった。そして3カ月後には、彼の営業成績は同期と同じレベルに到達していた。

事例4　場を和ませる大山さん（仮名）32歳

営業2課の大山二郎さんは明るい人。気さくな人柄で笑顔が多い。営業2課は営業成績が悪く、雰囲気が沈みがち。課長は「ここから挽回だ‼」と言うが…。「シーン」となりがちで、活気がない。大山さんは、その空気を察知して、冗談を言う。1人がクスッと笑う。しばらくして彼は大きな声で〝プロ野球〟や〝松田聖子〟の話をする。ちょうど午後3時なので、お茶を飲みながら女性社員が話題に参加。男性はプロ野球の話をして、だんだん盛り上がっていく。20分くらいの時間ではあるが、「シーン」はなくなり活気が出てきた。

表2　「4つの役割」

	定　義	その他
鬼軍曹	○若手などの教育、指導、叱り役、ときには中堅どころの指導役も ○社風や文化、おきて、しきたりなどを伝える	職場の古株の男性社員が行っていた
お局さま	○若手女性社員の教育・指導 ○仕事のポイントや社風、文化、おきて、しきたりを伝える	○職場で最年長の女性社員が中心になっていた ○時には社内情勢も教える
ムードメーカー	職場の雰囲気・ムードを盛り上げる役割 例えば、かつての巨人軍の中畑選手（現横浜 DeNA ベイスターズ監督）	明るいキャラクターの社員が担うことが多い
雑用係	職場にあるこまごました仕事を引き受ける 例えば、懇親会などの会計や各種記録などの保存や書記など	中堅社員などが担うことが多かった

表3　なぜなくなったのか、現在はどうなっているのか

	現　在	なぜ減ったか、なぜ消えたか
鬼軍曹	ほとんど見られない	○“叱り役”なので嫌われる。そのため、引き受け手がない ○「パワーハラスメント」の側面もあるのではないかとの考えで、排除される場合もあった
お局さま	ほとんど見られない	○結婚、出産後も働くのが普通のスタイルになった ○“叱り役”なので嫌われる ○「パワーハラスメント」の側面もあるのではないかとの考えで、排除される場合もあった
ムードメーカー	今でも伸びている企業では存在し、積極的に活用されている	効率化の影響で、なくしてしまった企業が多い
雑用係	ほとんど見られない	“非正規社員”が担っている

大山さんのような人は、表2や表3に示した〝ムードメーカー〟の役割を担っている。明るい人が多く、〝良いムード〟、〝良い流れ〟をつくるのに役立っていた。「今の職場」で、このような人を見かけることは減った。

「かつて」と「今の職場」を比べてみると…

職場の「かつて」と「今」を図4にまとめた。「〝ワイワイガヤガヤ〟で活気がある職場」から「〝シーン〟〝モクモク〟と働く職場」への変化である。すなわち活気があり、チーム力がある半面、締めつけが強い職場から、締めつけは緩いが活気はなく、個人個人で仕事をする状態への移行であ

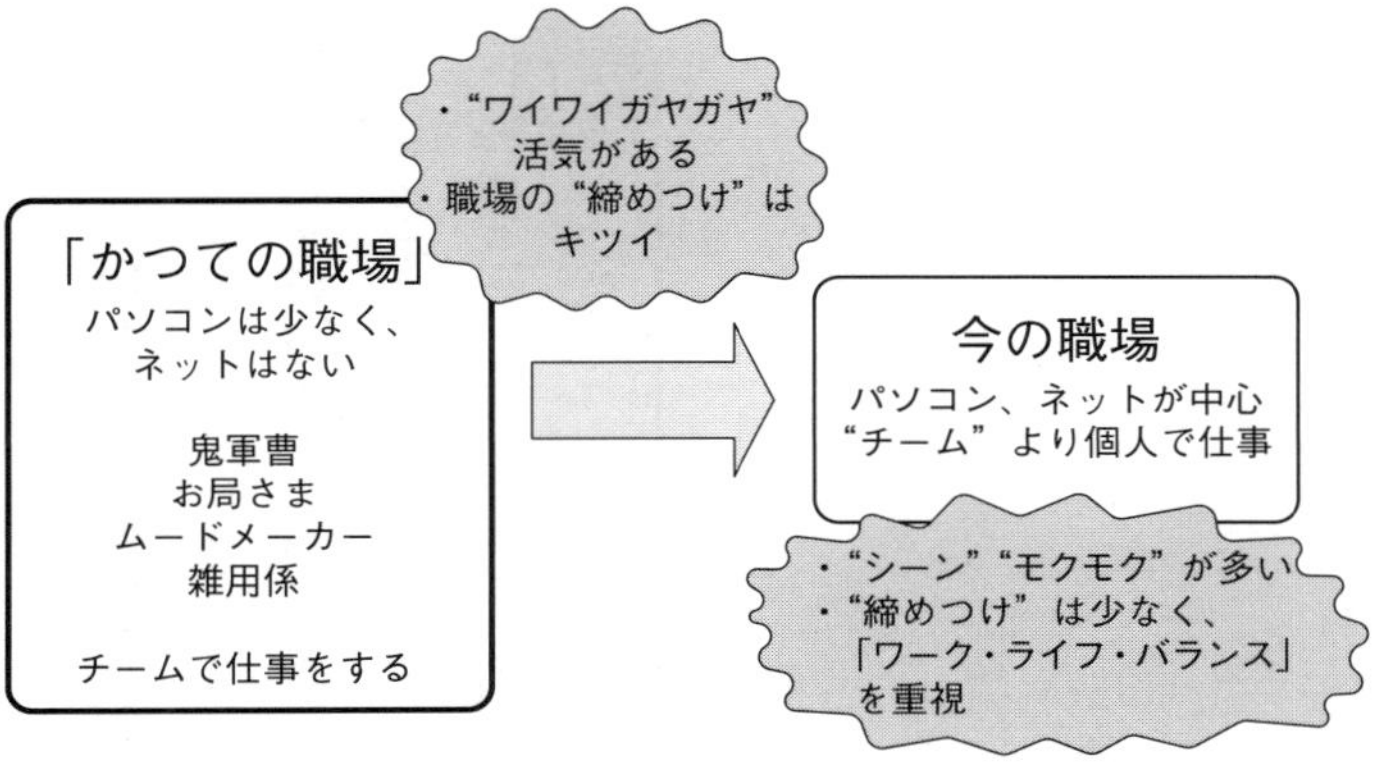

図4 「かつての職場」と「今の職場」を比較すれば

る。どちらが良いとは言えない。一長一短かも…。「4つの役割」を懐かしく思うのは、私の年齢（69歳）のせいかもしれない。

Dr.夏目の一言アドバイス

〝鬼軍曹〟や〝お局さま〟は若手社員に仕事の仕方や職場の文化、〝しきたり〟などを伝えるのに重要な役割を果たした。また、職場のムードを明るくし、社員のやる気やチーム力を発揮させたのは〝ムードメーカー〟である。業績に直接的には寄与していない彼らが担ってきた役割を再評価してほしい。メンタル不調者を出さない職場の雰囲気づくりに、一役買ってくれるのではないだろうか。

3　工場にみるメンタルヘルス対策の原型

メーカー（製造業）の営業や技術、事務、研究開発職などの「職種別」に、特徴的なメンタルヘルスの問題について解説する。まず、「工場でのメンタルヘルス」を取りあげる。最初に事例を紹介し、次に具体的に解説する。

事例5　従事していたラインが廃止　54歳の井口さん（仮名）

井口勝さんはメーカーライン作業従事者。家族は妻と2人暮らし。今までに1回だけ転勤があったが、長年、京都製作所で働いてきた。こつこつと正確に仕事をする人であり、実績は上がっていた。しかし、技術進歩が激しく、年齢的な要因も重なり、苦労しながら生産工程作業を遂行する状態だった。

会社は2年前から海外進出を進め、井口さんのラインも海外の工場に移転することとなった。国内では、東北に同様のラインがあるが、いつ廃止されるか分からない。また、50歳を過ぎて遠隔地への転勤は抵抗があり、上司も転勤させることにためらいがあった。

◇最新鋭の設備に付いていけない

結果的には、近県の工場にある、最新鋭のコンピューター制御ライン業務に転勤となった。しかし、テキパキと操作ができない。50代ということもあり、新しい業務になかなか慣れない上に、今までのように気楽に話せる人が周囲にいない。緊張が持続し疲労感が増す。1カ月後から体がふらふらするなどの「めまい」や「全身倦怠」を感じる。内科や耳鼻科を受診したが異常所見はなかった。「ストレスがあるのではないか」と考えた医師の紹介で、メンタルクリニックを受診した。

事例6　ベテラン職長の大木さん（仮名）　45歳

大木義男さん（仮名）はメーカーに勤務するライン作業の職長。部下は10人いるが、上司の工長は大木さんより年下である。酒が好きで、日ごろから飲むことが気分転換だと言う。特に休日は朝から飲む。1人で飲むことが多く、しかも〝はしご酒〟。赤ちょうちんの飲み屋を3軒くらいまわる。

◇アルコール依存症か

昨年4月に仕事の件で工長と言い合いになった。大木さんは「あの工長は、俺を認めない。腹が立つ。職場の年数では俺のほうが先輩なのに！」と、飲み屋で〝くだ〟を巻く。母親の病気もありストレスがたまっていた。朝から酒臭い日もあった。このころから月曜日の欠勤が増えた。

上司が電話をかけても、「しんどいから休む」と言うのみ。翌日は出勤するが、木曜日、金曜日と欠勤する。このようなことが月に3回あった。工長は対応に困り、職場内の看護師のところへ相談に行った。

工場の統廃合と海外移転

工場でよく見られる2つのケースを提示した。事例5は「適応障がい」、事例6は「アルコール依存症」である。これらの事例が、現場でよく見られる。事例5に象徴されるように、厳しい競争に伴う「集中と選択」のリストラクチャリング（事業再編成、リストラ）によって、日本の工場では「統廃合」が盛んに行われている。また、海外移転が進み、その影響が現場の労働者のストレスになっている。**図5**に、そのポイントをまとめた。

依存症は「否認の病」

事例6の「アルコール依存症」は、仲間で酒を飲む機会がたびたびあり、飲める人ほど好かれる「雰囲気」がある職場に多いようだ。一方、「否認の病」と言われ、対象者は酒の「乱用や依存」を認めないので対応が難しい。上司は気づいたら、産業看護職に相談したり、つないだりしてほしい。相談で信頼関係ができてから、産業医につなぐとよい。

その次に、産業医から専門家への紹介になる。この場合、「依存症専門クリニック」につないでほしい。肝臓疾患などの体の治療ができるとともに、「断酒会」や「AA（アルコホーリクス・アノニマス＝無名のアルコール依存症者たちのグループ）」などの「自助グループ」との連携がスムーズにいく。「自助グループ」に参加することが、断酒のポイントになるからだ。

工場がメンタルヘルス対応の「原型」を作った

工場などの現場では、毎朝、全員が集まる「朝礼」がある。日々、親しく顔を合わせていれば、上司は部下や仲間の「変化」に気づける。「変化」すなわち「いつもと違う感じの持続」があれば、上司は別室で「じっくり面談」してほしい。話し合いの過程で、「変化の理由」が理解できればよい。それが難しい場合は、「メンタル不調」が疑われる。

上司は専門家ではないので、それ以上の対応は無理である。そこで部下（「メンタル不調」が疑われる人）に「定期健康診断などで顔見知りの看護師さんに、一度気軽に相談に行ってみたらどうか」と助言し、つなぐのがよい。以上の対応ポイントを**図6**に示した。これ

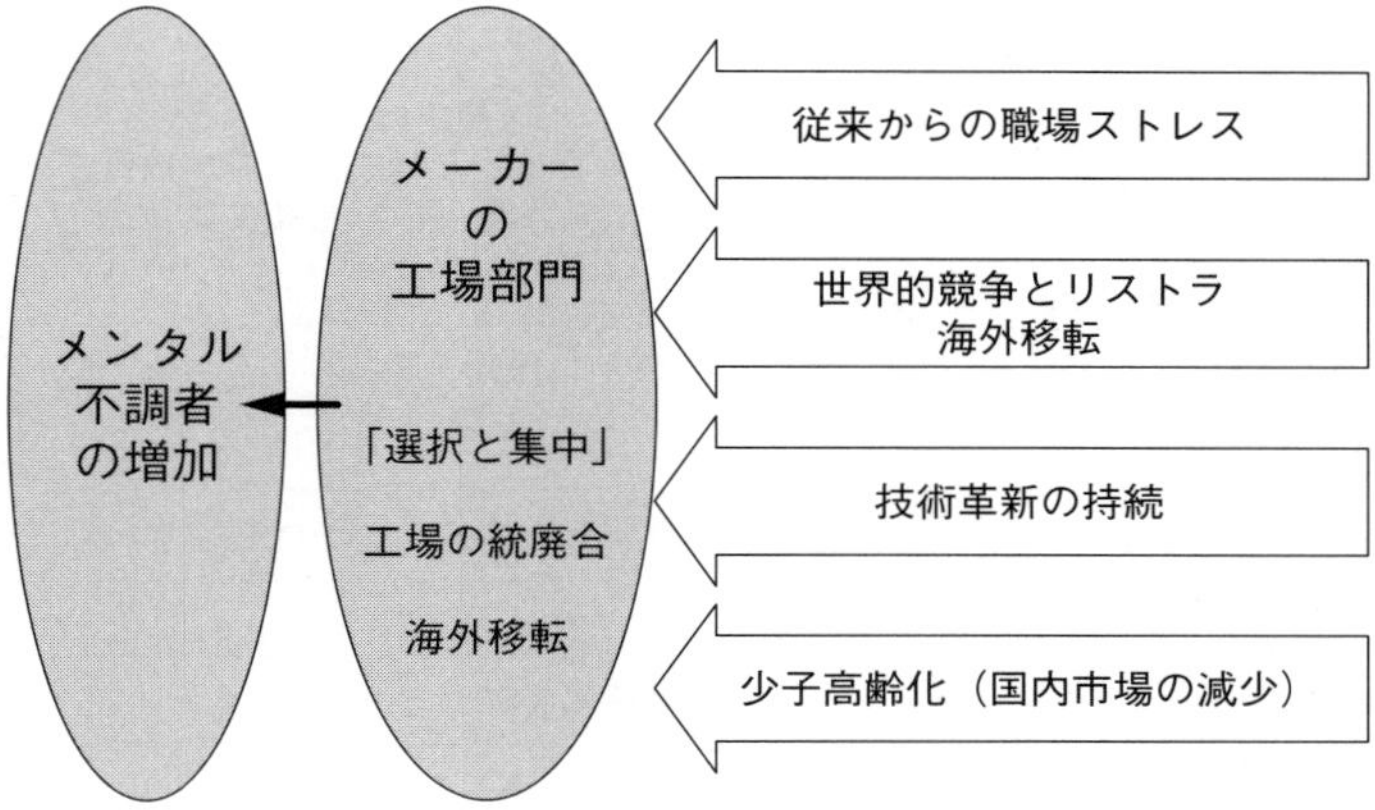

図5　メーカーの工場での「ストレス」と「メンタル不調」

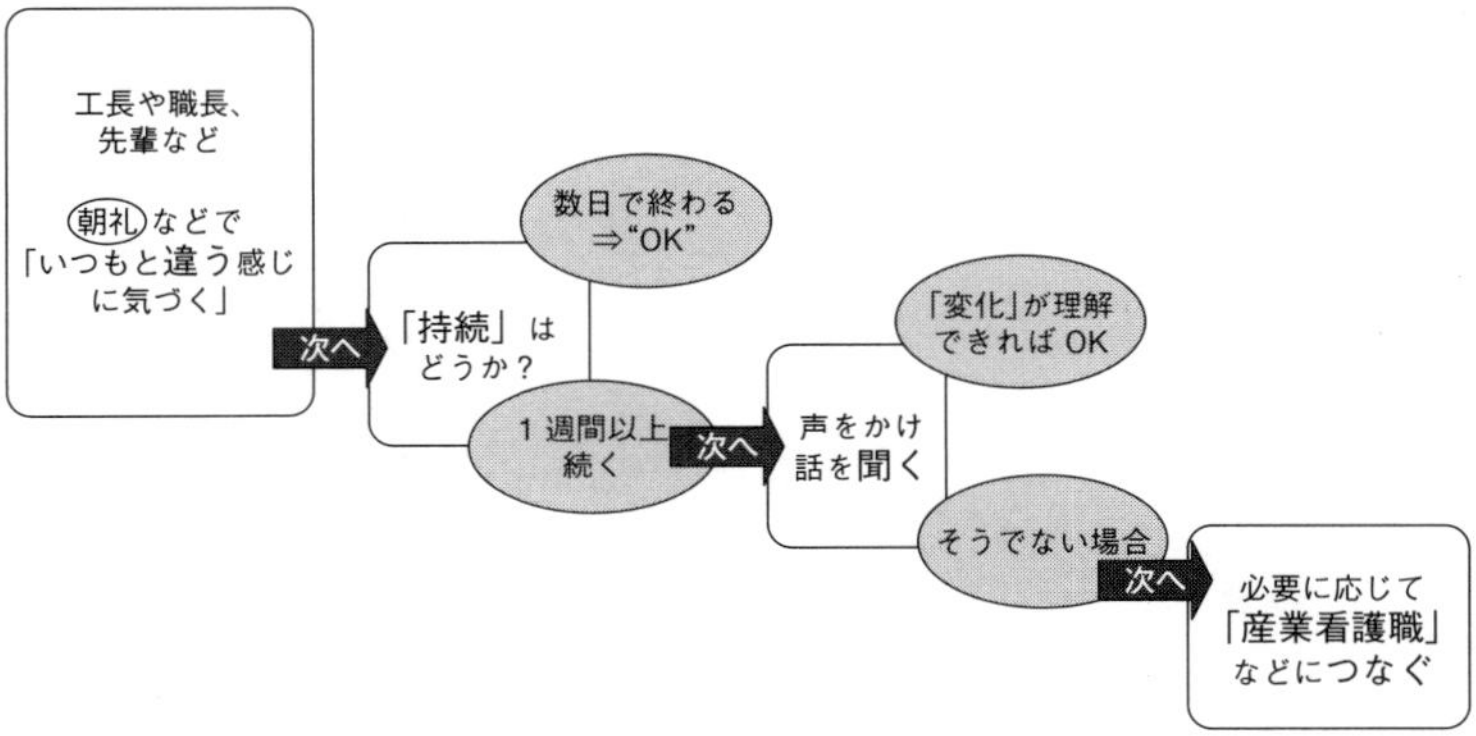

図6　メーカーの工場における「ラインケア」のポイント

を把握して対応いただければ幸いである。

よく言われるように、産業保健の歴史は工場からスタートしている。産業医や産業保健チーム、衛生委員会などがそうだ。また、「メンタルヘルス対応」の原型でもある。これらを**図7**にまとめた。

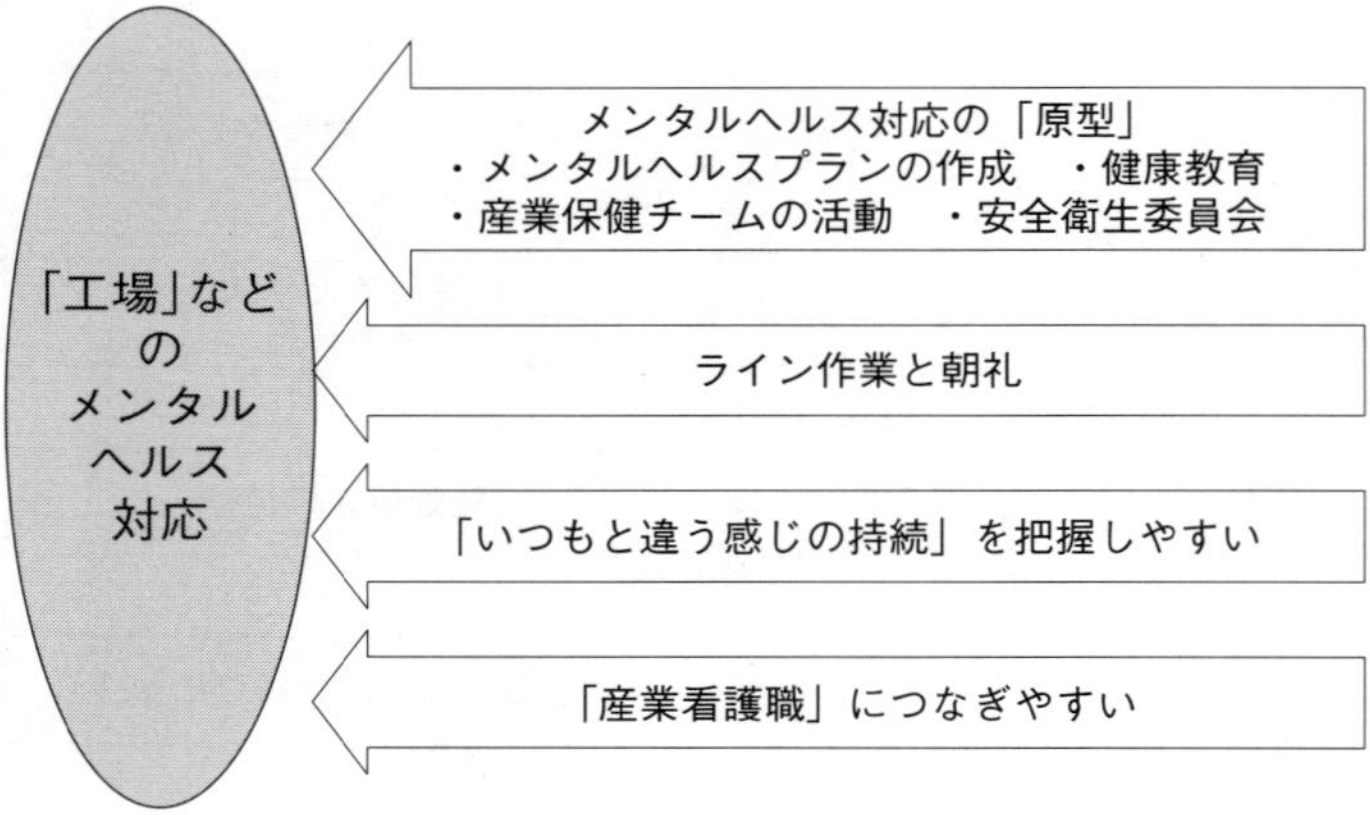

「工場」などのメンタルヘルス対応
メンタルヘルス対応の「原型」
・メンタルヘルスプランの作成　・健康教育
・産業保健チームの活動　・安全衛生委員会
ライン作業と朝礼
「いつもと違う感じの持続」を把握しやすい
「産業看護職」につなぎやすい

図7　「工場」にはメンタルヘルス対応の「原型」がある！

Dr.夏目の一言アドバイス

生産現場の特徴は、全員参加の「朝礼」から始まる。あいさつや伝達などが行われ、意思疎通がスムーズにいく。すなわち上司は部下の「いつもの姿」を把握できる。上司は気がかりな人がいればまず声をかける。気がかりな状態が続けば、面談を行い、もし「メンタル不調」が考えられれば産業看護職などの産業保健チームにつなぐ。そうすれば「ラインケア」がスムーズにいく。

4　短期決戦での成果を求められる研究開発職

研究開発職者の「メンタル不調」が激増している。研究開発職には「中核タイプ」と「不本意タイプ」がいる。まず、新製品の開発など、企業の中心にいて成果が求められる「中核タイプ」の事例を提示し、対応を具体的に示す。

事例7　プロジェクトチーム責任者に抜てき　中野次長（仮名）42歳

中野幸男さんは、大手メーカーの新規開発プロジェクトチーム次長。大学院修士課程修了後にメーカーに就職し、現在は研究開発本部第1研究室長。性格は完全主義で融通性は乏しい。妻と子ども2人の4人家族。

会社が新規商品開発に力を入れ、重役会で決まった事業に70億円の予算を使い遂行することになった。4月に中野さんは、そのプロジェクトチーム次長に昇進。抜てき人事であり、「長」は取締役で、彼は次長として事実上の責任者。チームのメンバーは、他部門から人を集めた混成部隊（12人）である。各部の利害が対立しており、調整に時間を取られた。1年で成果を出さなければならないが、先が読めない状態になる。

◇就業への不安・恐怖・緊張・焦燥症状があらわれる

同年5月ごろから「私の責任だ」と感じ、落ち込むようになった。6月ごろ、出勤しようと思っても出勤できない状態になった。すなわち、就業への不安・恐怖・緊張・焦燥症状が強く、仕事・会社に対してのみ抑うつ症状を呈した。妻の助言もあり、彼は青山産業医（仮名）に相談にいき、その紹介で加藤メンタルクリニック（主治医、仮名）を受診した。そして、「適応障がい」と診断された。

◇発症要因

前述の事例は、過重労働や成果が出ないストレスと性格が絡んで発症した「疲弊性うつ病」である。このメカニズムを**図8**に示した。職場ストレスは「プロジェクトチーム次長への抜てき人事」、「成果が得られない」の2点。

個人要因では完全主義者で融通性が乏しい性格のため、マネジメントがうまくいかず、成果も出なかった。さらには「過剰ストレス状態」への気づきがなく、相談に乗ってくれる人がいなかったことが追い込まれていく要因となっていた。

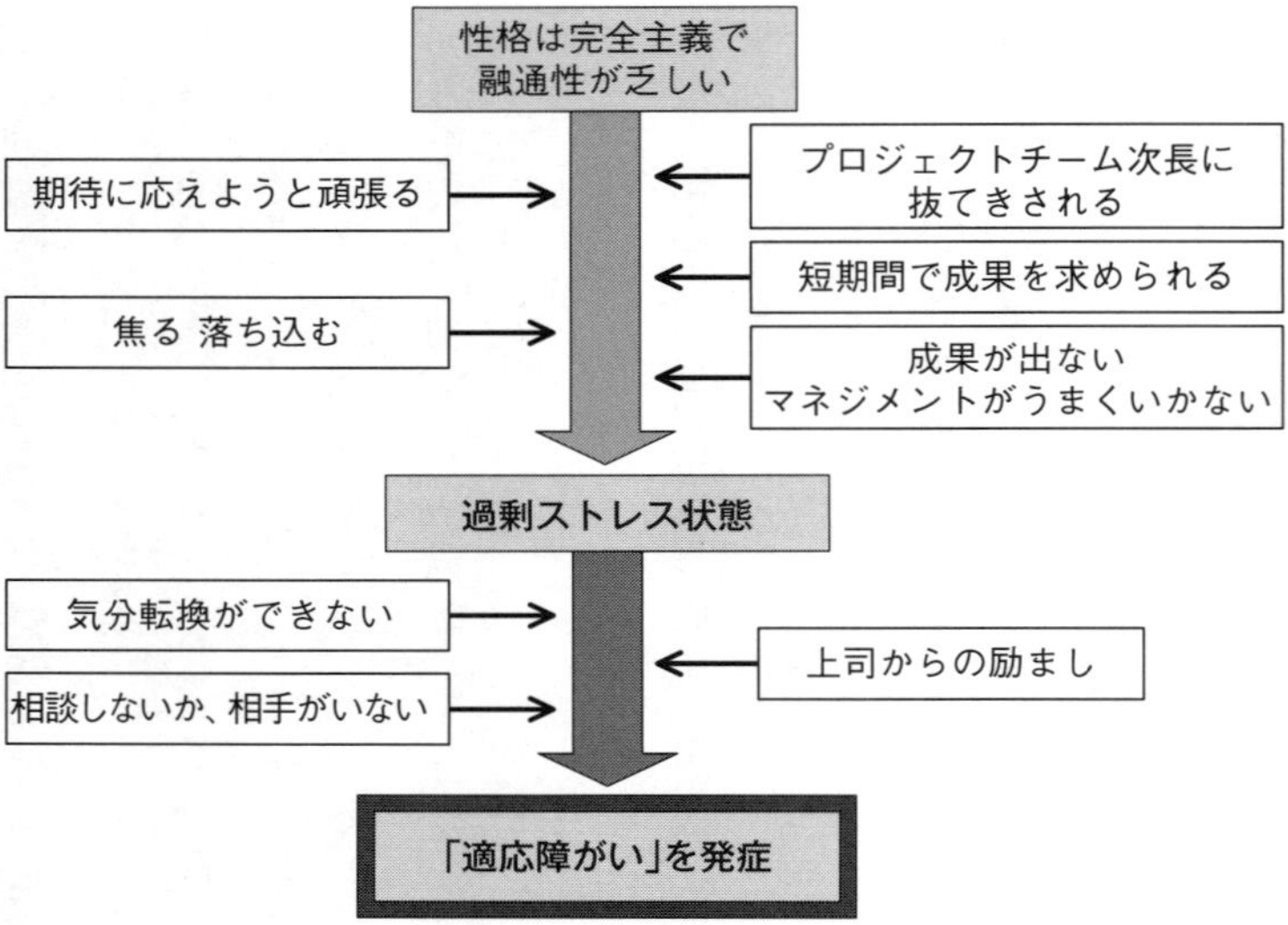
性格は完全主義で
融通性が乏しい
期待に応えようと頑張る
プロジェクトチーム次長に
抜てきされる
短期間で成果を求められる
焦る 落ち込む
成果が出ない
マネジメントがうまくいかない
過剰ストレス状態
気分転換ができない
上司からの励まし
相談しないか、相手がいない
「適応障がい」を発症

図8　事例7の発症メカニズム

◇「休養加療を要する」の診断書

加藤主治医は、中野さんに心身の休養をとらせることと職場ストレスから離すために、「休養加療が必要である」との診断書を書いた。次に不安・恐怖・焦燥・緊張や不眠症状をターゲットにして、抗不安剤と睡眠導入剤を投与した。

◇カウンセリング

症状が軽快した時点で、主治医はカウンセリングを行った。その過程で、中野さんは性格や職場ストレスへの内省ができた。主治医は「中野さんはプロジェクトを遂行するマネジメントの適性が乏しい」と判断した。

◇主治医の「治療的助言」を考慮し主幹研究員として復帰

青山産業医は主治医から「職場復帰可能、ただしマネジメントの適性が乏しい。配慮が必要」との診断書を受け取った。そこで彼は職場復帰時における「産業医や本人、職場関係者」の「三者面談」で、主治医の「管理職への適性がない」との助言について検討した。

本人もそれを認め、職場関係者も同じ意見であった。そこで人事課長とも話し合い、産業医は彼を主幹研究員（待遇は同じ）として職場復帰をさせることにした。このような対応は「今回、1回限りです」と説明を行い、中野さんも同意した。職場復帰し、現在まで再発はなく適応している。「治療的助言」が有効であったケースである。

研究開発職の特性

彼ら研究開発職が置かれている状況に注目してほしい。**図9**に研究開発職のストレスについてまとめた。現在、企業は世界的な競争にさらされている。事例に示したように他の企業にない付加価値を持った製品を開発しなければならない。「中核タイプ」の研究者は、それを求めて研究にまい進せざるを得ない。しかも短期間での成果を求められるため時間外の仕事が増え、過重労働になってしまう。

図9　研究開発職が置かれている状況

一方、「不本意タイプ」は、「事業の選択と集中」の影響をモロに受け、技術職などへの職種転換や「メンテナンス部門」などへの配置転換になってしまう。研究開発から離れることが、「メンタル不調」の引き金となることが多い。

どう対応するか

研究開発職への対応を図10にまとめた。特に「中核タイプ」は長時間労働が多いので、過重労働対策が重要である。企業は労働時間管理を行うとともに、長時間労働を減らすこと。また、医師面談を充実させ対応する。産業医による職場巡視も大切である。どの職場が多忙か、ストレスが多いかを把握して対応につなげる。

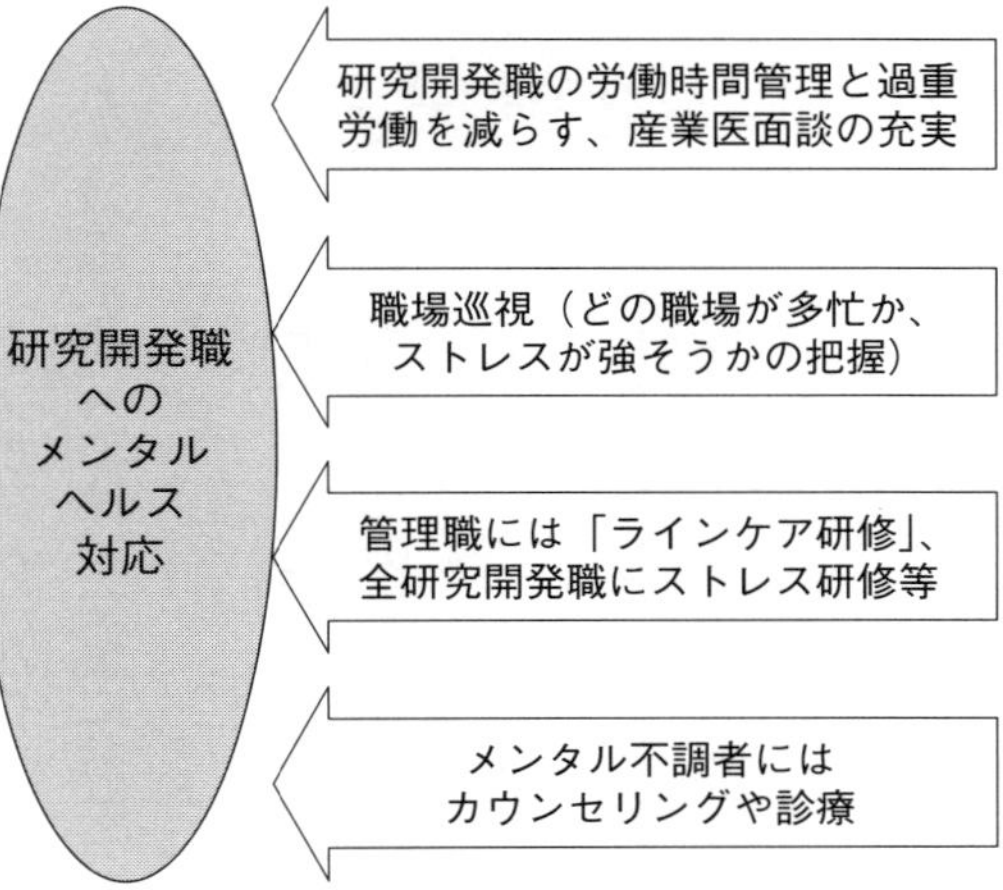
研究開発職
への
メンタル
ヘルス
対応
研究開発職の労働時間管理と過重
労働を減らす、産業医面談の充実
職場巡視（どの職場が多忙か、
ストレスが強そうかの把握）
管理職には「ラインケア研修」、
全研究開発職にストレス研修等
メンタル不調者には
カウンセリングや診療

図10　研究開発職への対応

次に、管理職による部下の「メンタル不調」状態の早期発見である。そのためには管理職を集めて実施する「ラインケア研修」が有用である。研究開発職のために必要なのはストレスへの気づきである。彼らの多くは自分が「過剰ストレス状態」になっていても、気づきにくいようだ。この場合、「ストレス研修」が役に立つ。ストレスの定義、気づき方、対応などを知ってもらう。「メンタル不調」の人のためにはストレス相談室を設置するとよい。

Dr.夏目の一言アドバイス

グローバル競争の中で、「売れる新製品」を生み出すようにと、研究開発者に強いストレス負荷がかかり、「メンタル不調」者が増加している。対応の第一歩は、企業における過重労働対策から始まる。100時間以上の残業をしている人が多いようだ。企業のみならず研究者の〝意識の改革〟もいる。また、研究者から技術職などへの職種変更に伴って発症する「不本意タイプ」についても、彼らの職歴を生かした仕事を与えるといった配慮を、企業に期待したい。

5　技術者と管理職のはざ間で　技術職のメンタルヘルス

「技術立国日本」とよく言われる。高度経済成長をはじめとして、戦後、日本が躍進した理由の一つは技術力の高さにある。それを支えたのがエンジニアである。一方、私の精神科医としての45年間における臨床、39年間の産業医経験（公務員やサービス業、メーカーなど10社）からの印象では、技術者の「メンタル不調」の発症率は高い。**図11**に示したように、最も高いのが研究者で、次いで技術者である。中でも、ＳＥ（システムソフトを作成する技術者、システムエンジニアと呼ばれる）が高率である。

ここでは技術者のメンタルヘルスについて、事例を中心に対応を含め解説する。

事例8　部下に「分からない点」を聞けない　太田さん（仮名）41歳

メーカーに勤務する41歳の太田俊夫さんはエンジニア。性格は生真面目で融通性が乏しい。妻と子ども2人の４人家族である。昨年４月に技術第一課長に昇進。部下は10人（技術者9人、事務1人）だった。

課長に昇進した際、彼は「私は技術者だ。部下をまとめるのも大事だが…、それに加えて、部下の技術指導もしなければならない」と思い込んでいた。しかし技術の進歩は速く、多様化してきている。当然のことながら、彼が分からない分野も多い。

太田さんは部下から説明を受けるときに、分からない点があっても、「それは分からない。説明してほしい」と尋ねることができなかった。「課長なのに、情けない！」と自分を責める日々が続く。かつ、仕事を部下に任せられない状況も重なった。そして8月に、出社しようとしても出社できない葛藤を伴う「適応障がい」を発症した。

◇技術者の役割と管理職の役割

事例8の発症のメカニズムを図12に示した。几帳面で真面目な性格は技術者としてプラスである。一方、部下をまとめるときや対外折衝になると、融通がきかずにマイナスに働きやすい。また、彼は自分は技術者であり、部下の技術指導も担うべきであると思い込んでいた。この「認知のゆがみ（妥当でない〝思

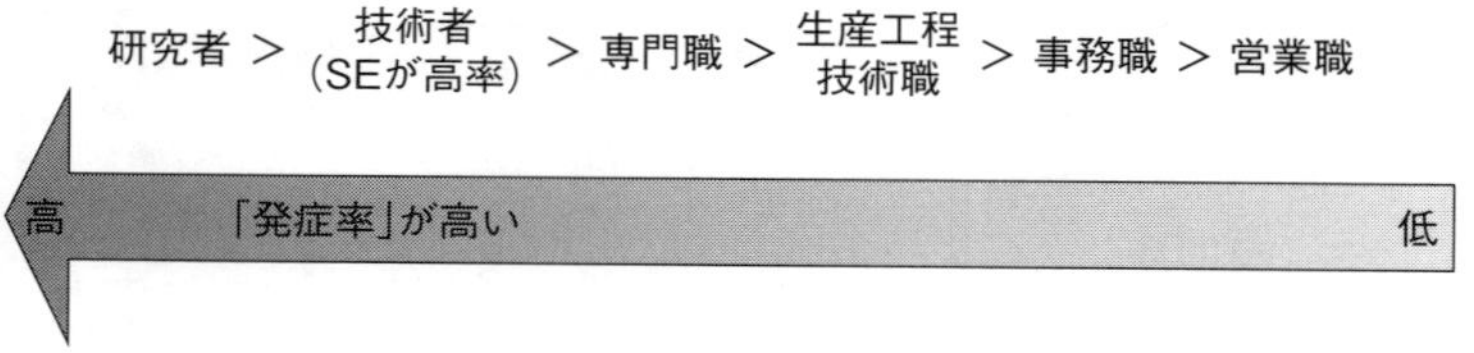

図11　職種によるメンタル不調者の「発症率」の高低（イメージ）
（夏目の45年の臨床、産業医経験にもとづく印象）

い込み〟)」のため、分からない点を聞けず、部下に仕事を任せることができなかった。それゆえ業務量が増え、マネジメントがうまくいかず「適応障がい」を発症した。ポイントは、太田課長が「技術者の役割」にこだわり、「管理職の役割」ができなかった点にある。

事例9　人との折衝に苦労し、過労状態になった加賀さん（仮名）31歳

ソフト作成会社に勤務して9年になる加賀さん。SEとして有能な人。几帳面で生真面目な性格である。独身で一人暮らし。彼は、ある企業から請け負った仕事のリーダー（部下は4人）になった。

請け負った業務がソフト作成であるため、顧客企業の関係者の要望を聞いていく。さまざまなニーズが出てきた。上記の性格のため、折衝がうまくいかず、すべてを盛り込もうとした。だが、予算や納期の関係上、無理が重なる。彼は月約150時間の時間外労働で、この仕事を乗り切ろうとした。しかし、3カ月目に過労状態になり、クリニックを受診すると「うつ病」と診断された。

◇発症率の高いSE

SEの「メンタル不調」の発症率は高い。〝モノ〟や〝道具〟には興味が大であるが、人との関係は苦手な人が多い点に加え、〝納期〟があるため過重労働になりやすい。また、マネジメントや対外折衝がポイントとなる業務につくと、うまく対応できない人が目立つ。

このケースも、さまざまなニーズへの適切な折衝ができず、業務過多となった。仕事の優先順位を1~3位くらいに絞りこむには、コミュニケーション力がいるのだ。

技術者に不調者が多い理由

◇3つの職場ストレス

なぜ技術者に「メンタル不調」者が多いのだろうか。**図13**にその要因を裏づけるポイントを職場ストレスと個人

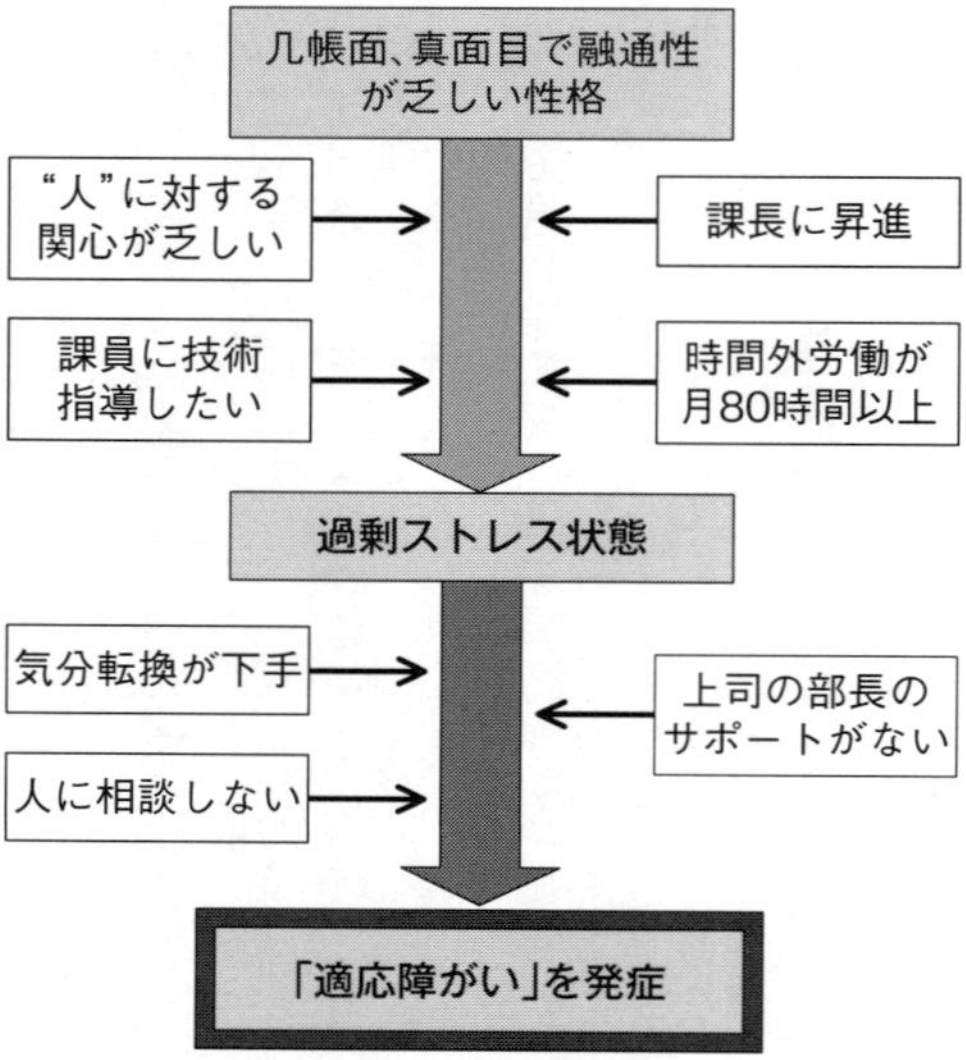

図12　事例8の発症メカニズム

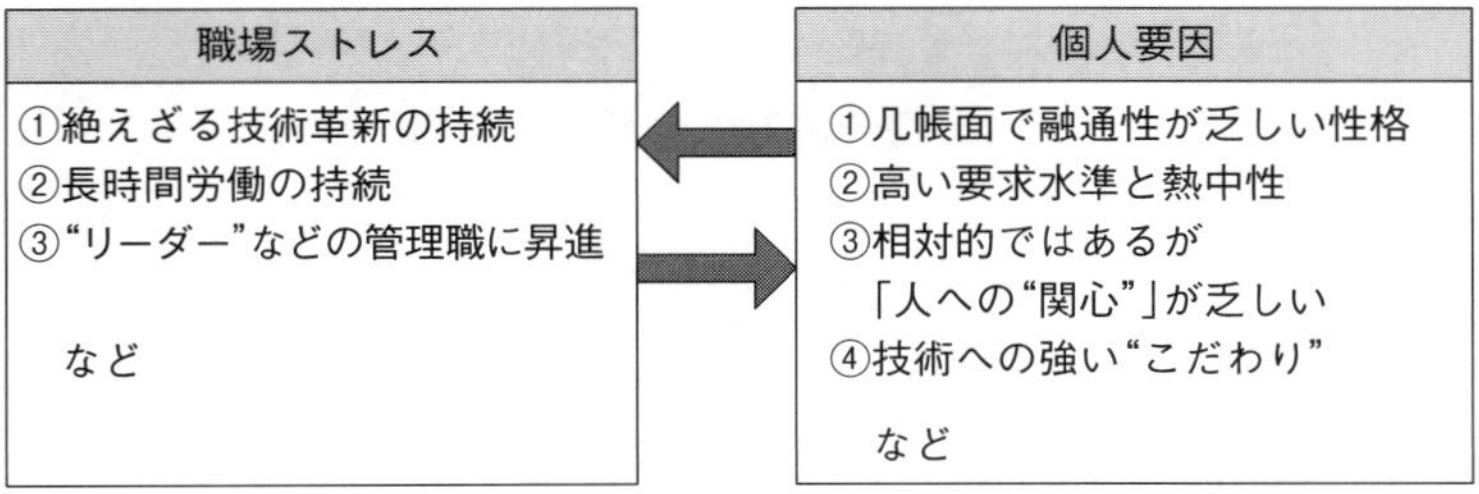
職場ストレス
①絶えざる技術革新の持続
②長時間労働の持続
③“リーダー”などの管理職に昇進
など
個人要因
①几帳面で融通性が乏しい性格
②高い要求水準と熱中性
③相対的ではあるが
「人への“関心”」が乏しい
④技術への強い“こだわり”
など

図13　技術者の「メンタル不調」発症の要因

要因に分けて示した。

1つは、IT技術を中心に絶えずさまざまな領域で技術革新が続き、それらを習得し活用する上でのストレスである。また、商品開発競争のため長時間労働になりやすいという理由もあげられる。さらには、リーダーなどの管理職への昇進が引き金となることも多い。

◇〝性格〟や〝思い込み〟などの要因

個人要因として、事例8、9であげた性格特徴がある。それに加えて、技術者は営業や事務職の人に比べ、相対的ではあるが「人への〝関心〟が乏しい」点があげられる。そのような人が部下をまとめ、対外折衝などをする時に、多様性に富む部下やさまざまなニーズに対処するのは難しい。

また、技術者の多くに「技術への強い〝こだわり〟」がある。生産性や営業成果を上げることよりも、「技術第一」と考え過ぎてしまう点だ。このため営業部や生産部門などと衝突しやすく、それが職場ストレスになる。

Dr.夏目の一言アドバイス

技術者で「メンタル不調」に陥る人は多い。「几帳面で融通性が乏しい」「完全主義などの要求水準の高さ」などの性格的特徴も関与している。リーダーや課長などの役職者に昇進し、売り上げ・生産性の向上や部下のマネジメント、対外折衝などを行わなければならなくなったときに、「技術への強いこだわり」と「人への関心の乏しさ」の双方の要因が、適応を難しくしている。本人はこの2点について、人事部が行う技術者の〝社員研修〟や〝管理職研修〟および〝ストレス研修〟、〝ラインケア研修〟などを通して、少しでも修正できるような努力が必要だ。

6　リストラの波に翻弄《ほんろう》される営業職

多くの企業で行われている「選択と集中」の名のもとに行われている「リストラクチャリング（事業の再編成）」と営業職の関連を中心に、事例から説明する。

事例10　不況で所属部門が分社化され転籍　営業職中野さん（仮名）45歳

中野三郎さんは大学卒業後、A社（製造販売業、社員3000人）に勤務。真面目で、それなりに協調性もある。妻と2人の子どもがいる。営業職で営業所（所長経験あり）を中心に仕事をしてきた人で、B製品事業部営業部の主幹であった。彼が勤務した会社の推移を**図14**に示した。

不況で赤字が続いたため、彼がいたA社B製品事業部がB社という別会社になり、彼は転籍となった。

◇吸収合併される

社員が努力するも、売り上げは伸びない。3年後に、同じ製品を作っているB社より規模が大きいC社と合併して、D社となった。B社では営業職として居場所があった中

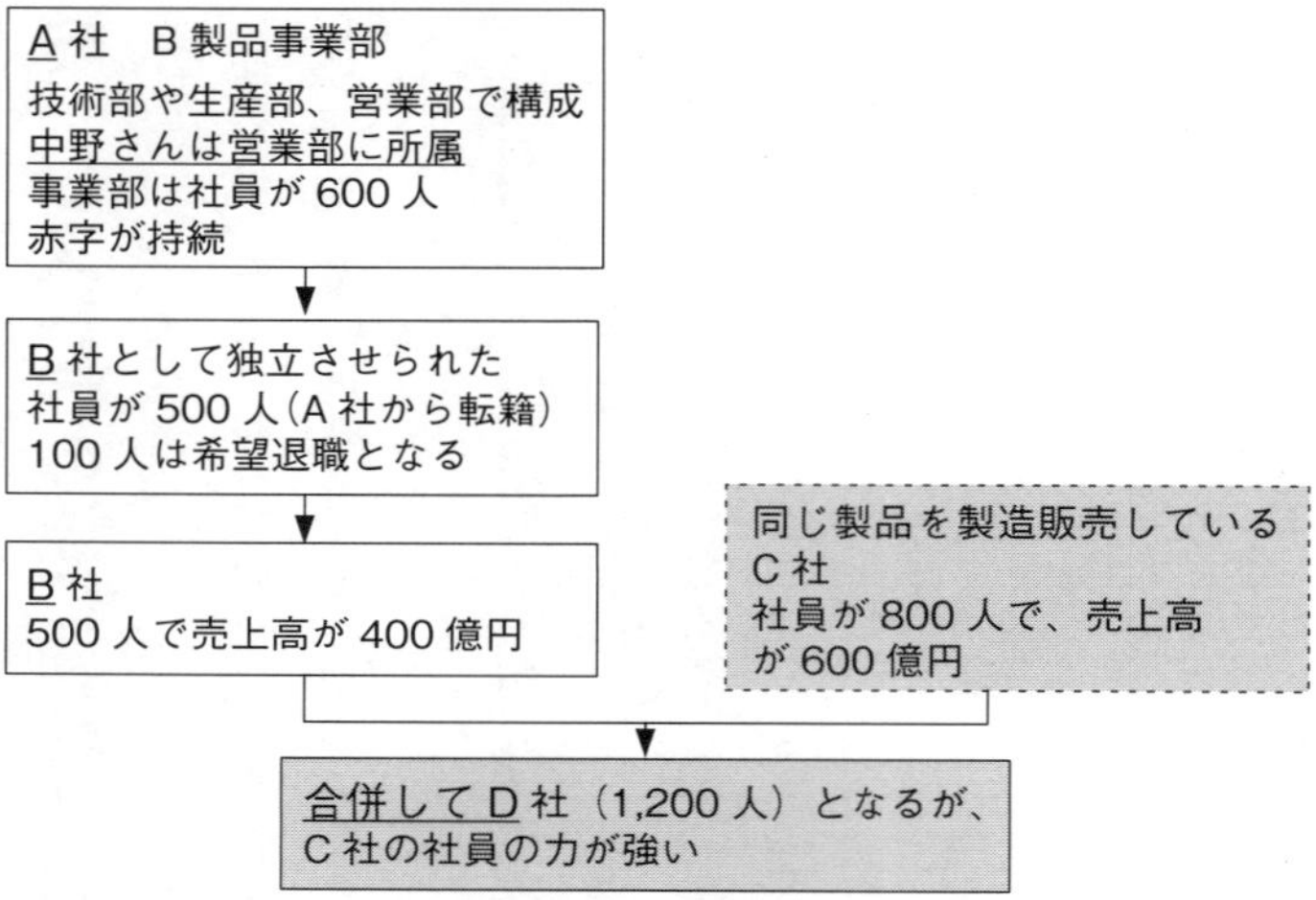
A社　B製品事業部
技術部や生産部、営業部で構成
中野さんは営業部に所属
事業部は社員が600人
赤字が持続
B社として独立させられた
社員が500人（A社から転籍）
100人は希望退職となる
B社
500人で売上高が400億円
同じ製品を製造販売している
C社
社員が800人で、売上高
が600億円
合併してD社（1,200人）となるが、
C社の社員の力が強い

図14　事例の中野さんの所属会社の推移

野さんだが、吸収合併されたD社では戸惑うことが多い。なぜなら社風も組織も、人間関係なども違うからだ。

◇かばってくれた課長がリストラに

中野さんの営業成績はB社在籍時は中位だった。しかし、現在のD社では中位以下となった。A社からの上司だった大木課長（仮名）は彼をかばってくれていた。しかし不況の持続とともに、大木課長がリストラされてしまった。新しい課長は、「前の課長は手ぬるい。君の能力は中以下だ。君の給料で若手が2～3人ぐらいは雇える。もっと、頑張れ」と言う。

◇職場ストレスが増加

あるとき、役職者（課長、課長代理、係長）3人が中野さんを取り囲んだ。そして、課長代理が新しい製品の説明を、係長がセールストークを紹介した。その後、課長から「2人が言ったことをまとめてみなさい」と指示された。彼は戸惑いながらも答えると、「ダメだ！真剣さが足りない。戦力にならないなぁ…」と言われてしまった。

なお、当時、会社は早期退職制度を導入しており、B社の社員を中心に2割ぐらいの人が辞めていく状況だった。

◇「メンタル不調」になる

この前後から中野さんは頭痛や全身のけん怠感が強くなり、内科を受診した。特に異常所見がなかったが、精神科受診を勧められた。そこで受診すると「うつ病」と告げられ、治療を受けるが軽快しない。その後、主治医の紹介で、次の精神科医（筆者）が診療をすることになった。

※事例の内容は3回の診察で、彼が憤りを交えながら語ったもの（事例は他のもの同様特定化されないように修正などを行っている）である。

事例の発症メカニズムを**図15**にまとめた。①新会社の発足、②会社合併、③営業成績の低下など、職場ストレスが重なっていた。私は、このケースは「うつ病」ではなく、強い職場ストレスによる「適応障がい」と考えた。3回目の受診後、中野さんは3カ月間来訪

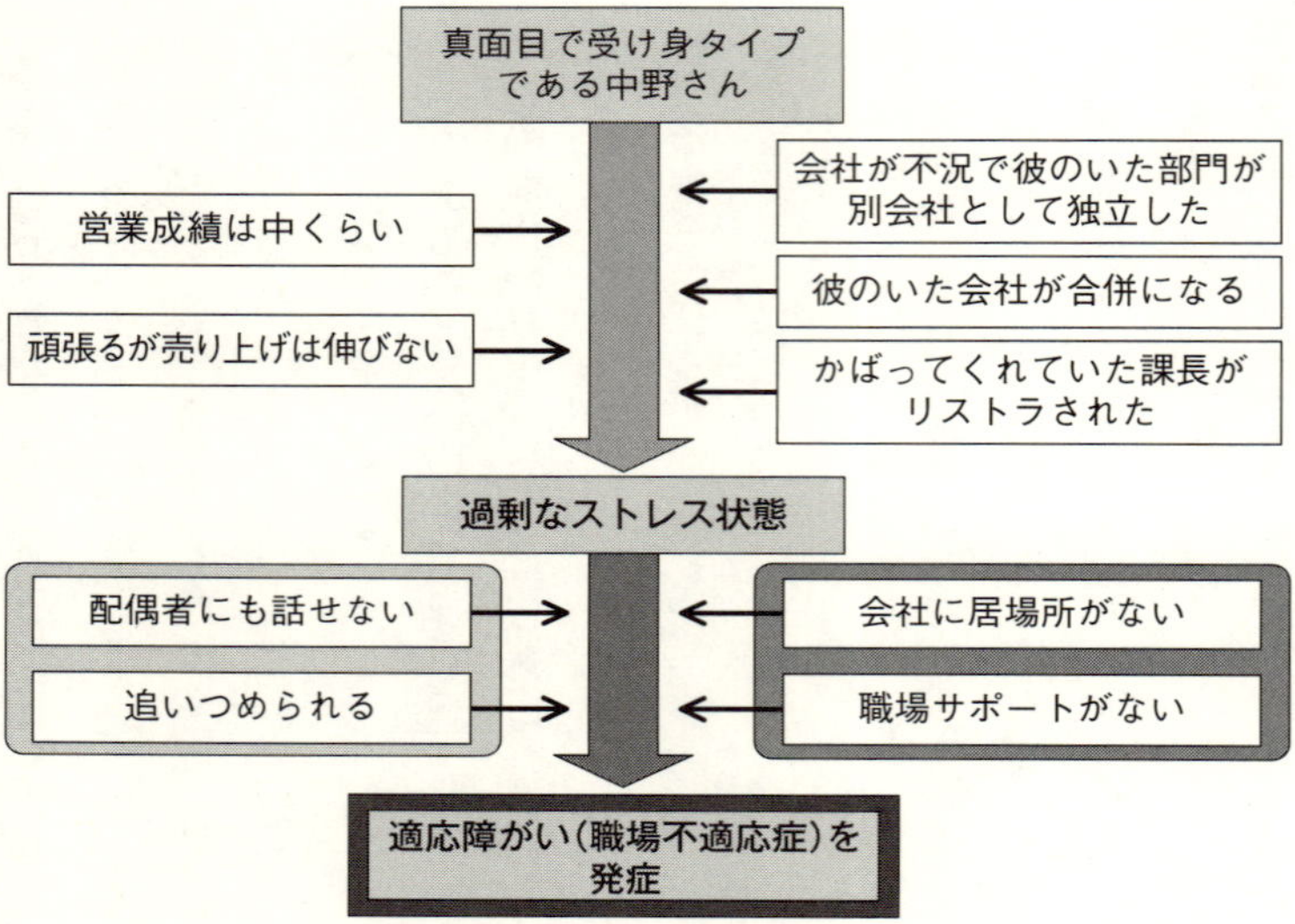
真面目で受け身タイプ
である中野さん
営業成績は中くらい
頑張るが売り上げは伸びない
会社が不況で彼のいた部門が
別会社として独立した
彼のいた会社が合併になる
かばってくれていた課長が
リストラされた
過剰なストレス状態
配偶者にも話せない
追いつめられる
会社に居場所がない
職場サポートがない
適応障がい（職場不適応症）を
発症

図15　事例10の発症メカニズム

しなかった。最後に受診したときに彼は、「ツライので退職しました。再就職先もない。家に引きこもっています」と語った。

“プロの営業職”へ

事例や**図16**に示したように、日本の企業ではリストラが続いている。**図17**に営業職とリストラの関係をまとめた。ポイントは、①営業職は人数が多いのでターゲットになりやすい、②実績が分かりやすいので、成績の悪い人を対象にしやすい、③他の職種に比べて、次の働く先が見つけやすい、などがあげられる。

営業担当者にとって大事なのは、

会社への帰属意識ではなく、1．販売スキルの向上、2．顧客との継続的な関係、3．人脈を大切にする点にある。〝プロの営業〟である。

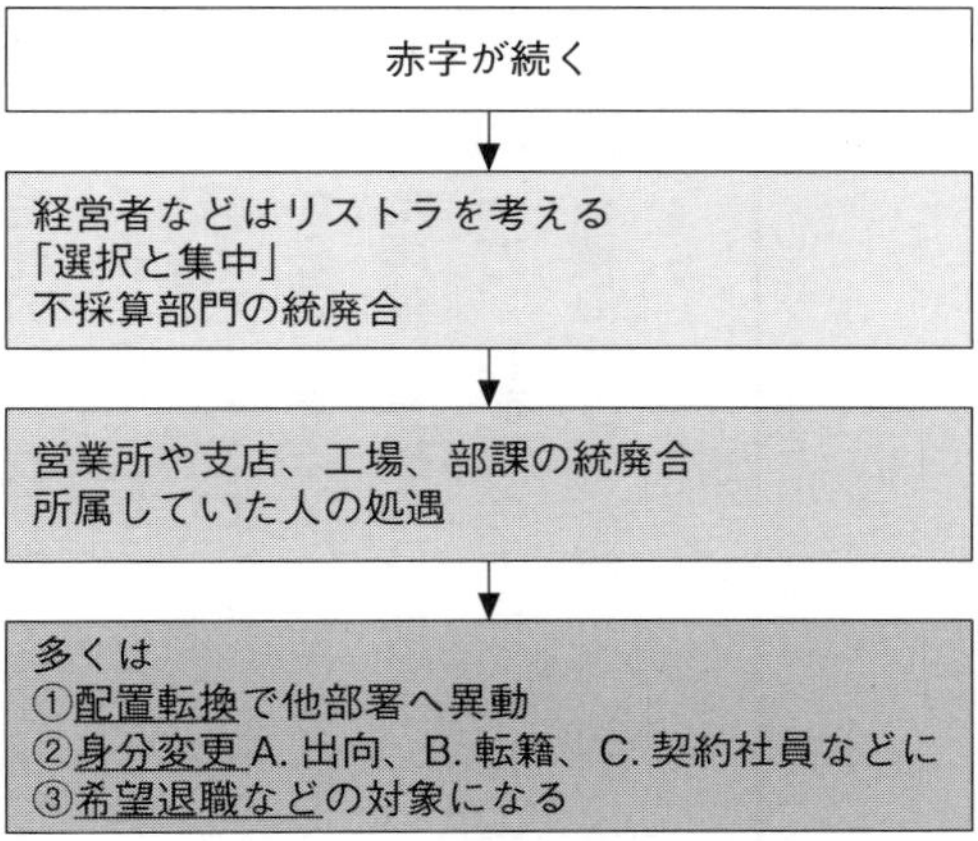
赤字が続く
経営者などはリストラを考える
「選択と集中」
不採算部門の統廃合
営業所や支店、工場、部課の統廃合
所属していた人の処遇
多くは
①配置転換で他部署へ異動
②身分変更 A. 出向、B. 転籍、C. 契約社員などに
③希望退職などの対象になる

図16　リストラと社員の処遇

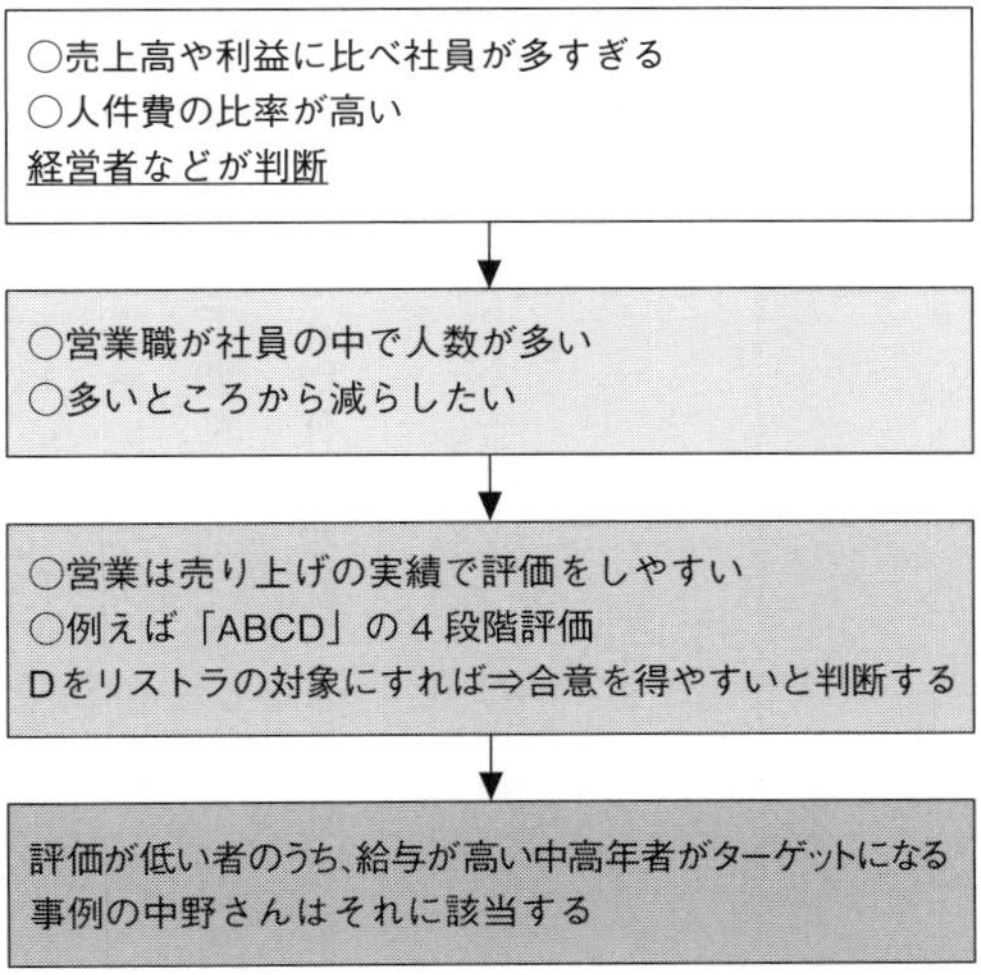
○売上高や利益に比べ社員が多すぎる
○人件費の比率が高い
経営者などが判断
○営業職が社員の中で人数が多い
○多いところから減らしたい
○営業は売り上げの実績で評価をしやすい
○例えば「ABCD」の４段階評価
Dをリストラの対象にすれば⇒合意を得やすいと判断する
評価が低い者のうち､給与が高い中高年者がターゲットになる
事例の中野さんはそれに該当する

図17　営業職とリストラの関係

Dr.夏目の一言アドバイス

会社の生き残りをかけた「リストラクチャリング」は、営業にもその〝波〟が強く押し寄せている。営業職は人数が多く、ほかの職種に比べ実績が明確なのでリストラしやすい。リストラを行う際に、メンタル不調者を出さない企業側の努力が必須である。①雇用の確保、②追い出し部屋などは作らない、③しっかりとした再就職支援の3点を実行してほしい。

一方、営業職の人はスキルの向上や、顧客の確保、人脈形成などの努力を日常から積みあげ、〝営業のプロ〟を目指してほしい。

7　ハイリスク群の管理職

インターネットのウィキペディアで「管理職」について見ると、『厚生労働省の通達で「経営者と一体的な立場」、「出退勤の自由」、「地位にふさわしい待遇」などの条件を満たすもの』とされている。

管理職は多くの場合、労働組合に加入したり結成する権利がないと解釈される。民間企業および行政職の公務員では「課長」以上がこれに該当し、教育職の公務員では、校長・教頭（教務主任を含む県もある）がこれに該当する。

事例11　新製品の売り上げが低下　40歳の課長、中川明奈さん（仮名）

◇100時間残業が2カ月続く

販売会社の本社営業第2課長である明奈さん。同社の総合職女性の一期生である。夫と子どもの3人家族。性格は几帳面で責任感も強い。4月から3カ月続いて、彼女が担当する「新製品」の売り上げが低下していた。営業部で対策会議が開かれ、売り上げ向上のための戦略を検討した。その一環で、課長として主要販売店を訪問し、テコ入れを行った。帰りが遅くなり、時間外労働がこの2カ月連続して100時間を超え、過重労働状態であった。しかも子どもの中学入試があり、受験指導もしていたので過労に陥った（図18）。

◇家事ができない

2週間ぐらい前から、夜中に覚醒してなかなか眠れない。また、逆に毎朝4時に、早朝覚醒してしまう状態が続く。起床時は気分がすぐれない。家事ができない。必死の思いで会社にたどりつく。

仕事をしていても集中できない。イライラして部下にあたるようになった。明奈さんは、「性格」と「職場ストレス」と「過労」の関係で「うつ病」になった。

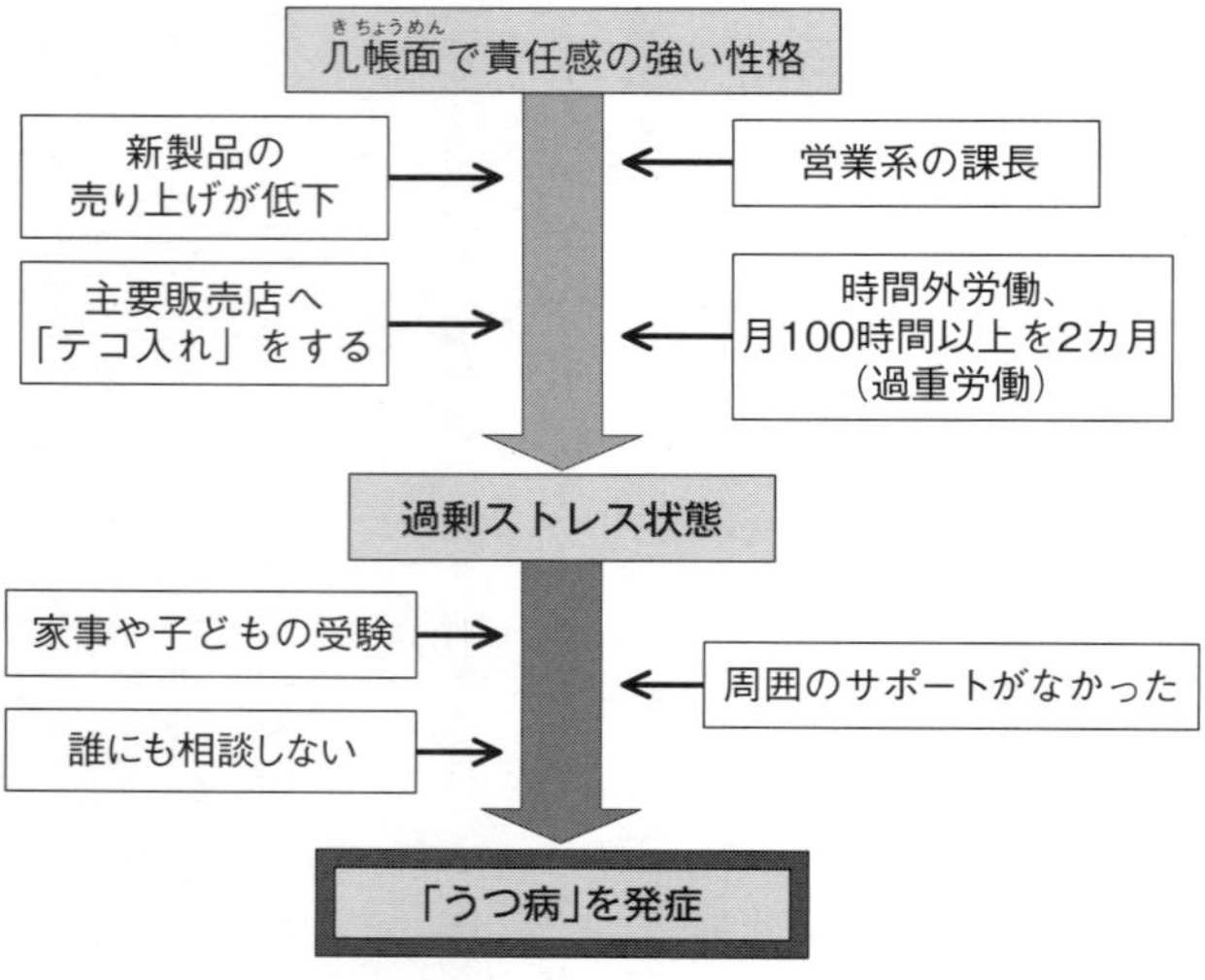

図18　事例11の発症メカニズム

事例12 「適応障がい」を発症した50歳の部長、秋葉さん（仮名）

◇自殺を試みたが、家族の顔が浮かび未遂に

秋葉太郎さんは、メーカー本社のプロジェクトチームの責任者（部長）に抜てきされた。しかし、成果が出ない。頑張ったがうまくいかないのだ。この状態を自分の責任だと感じ、「適応障がい」になってしまった。唐突に会社へ「退職願」を出した。そして自殺を企図し、北陸をさまよう。崖から飛び降りようとするが、未遂に終わった。

なぜなら自殺を決意して飛び込もうとした瞬間に、妻や子どもの顔が浮かんだからだ。自分は死んでもよいが、残された家族はどうなるかと考えたら、「死ねない…。家族のためにも生きなければ。もう一度やり直そう！」と決意し、自宅に戻った。

◇「心の絆」があった！

「適応障がい」による自殺未遂のケースである。プロジェクトチームのリーダーに抜てきされ、重役である上司の期待に応えようとして努力したがうまくいかない。上司からは「頑張れ。成果を出せ！」と言われた。焦り、空回りになってしまった。個人要因としては要求水準が高く、融通性の乏しい性格が関与していた。このケースでは太郎さんと妻や子どもとの間に「心の絆」があったので、自殺念慮でとどまることができた。

管理職のストレスを考える

◇課長のストレス度は高い

表4にポスト別の勤労者のストレス点数を示した。点数が高いほどストレス度は強い。課長職の点数が最も高い7項目中、「多忙による心身の過労」や「仕事上のミス」「転職」「左遷」「会社が吸収合併される」の5項目が職場ストレスだった。これにより、課長の職場ストレス度が強いのが分かる。実際には65項目の統計的検定だが、「課長」や「班長」の職場ストレス度が「社員」に比べ有意に高かった。

◇「メンタル不調」の発症要因

事例11は営業実績の低下、事例12はプロジェクトチームのリーダーになったが成果が出ない、という職場ストレスが原因である。そのため頑張るのだが、それが過労につながっていく。一方、年齢的には40代、50代なので若いころに比べて無理がきかない。なぜなら、心身の予備能力（最大能力と日常必要な能力との差）が低下しているからだ。

発症のメカニズムを**図19**に示した。職場要因として、①成果を強く要求される、②過重労働、マネジメントと対外折衝によるストレス、がある。また、個人要因としては、①心身の予備能力の低下、②親の介護ストレス、③子どもの教育、④住宅ローンの返済、があげられる。これらが総合したストレスとなり発症した。

表4　勤労者のストレス点数

（1,630人を対象、結婚を50としそれを基準として自己評価させた、夏目らによる）

順位	ストレッサー	全平均	ポスト別				
			部長	課長	係長	班長	社員
1	配偶者の死	83	80	**83**	80	78	**83**
2	会社の倒産	74	75	77	76	**83**	73
3	親族の死	73	**80**	74	71	73	73
4	離婚	72	67	70	70	66	**73**
5	夫婦の別居	67	**76**	68	63	67	68
6	会社を変わる	64	66	69	66	**70**	62
7	自分の病気や怪我	62	61	62	60	**65**	62
8	多忙による心身の過労	62	55	**62**	62	60	**62**
9	300 万円以上の借金	61	46	58	53	**67**	63
10	仕事上のミス	61	59	**67**	60	65	60
11	転職	61	67	**68**	66	65	58
12	単身赴任	60	56	62	61	**68**	59
13	左遷	60	59	**65**	62	63	58
14	家族の健康や行動の大きな変化	59	58	**63**	59	58	59
15	会社の立て直し	59	64	67	64	**70**	57
16	友人の死	59	43	53	49	56	**63**
17	会社が吸収合併される	59	64	**67**	65	**67**	56
18	収入の減少	58	57	61	57	**66**	57
19	人事異動	58	56	63	60	**64**	56
20	労働条件の大きな変化	55	55	57	56	**60**	54

注：太数字はポスト別における各項目の最も高い点数を示し、アンダーラインは課長のそれを示している

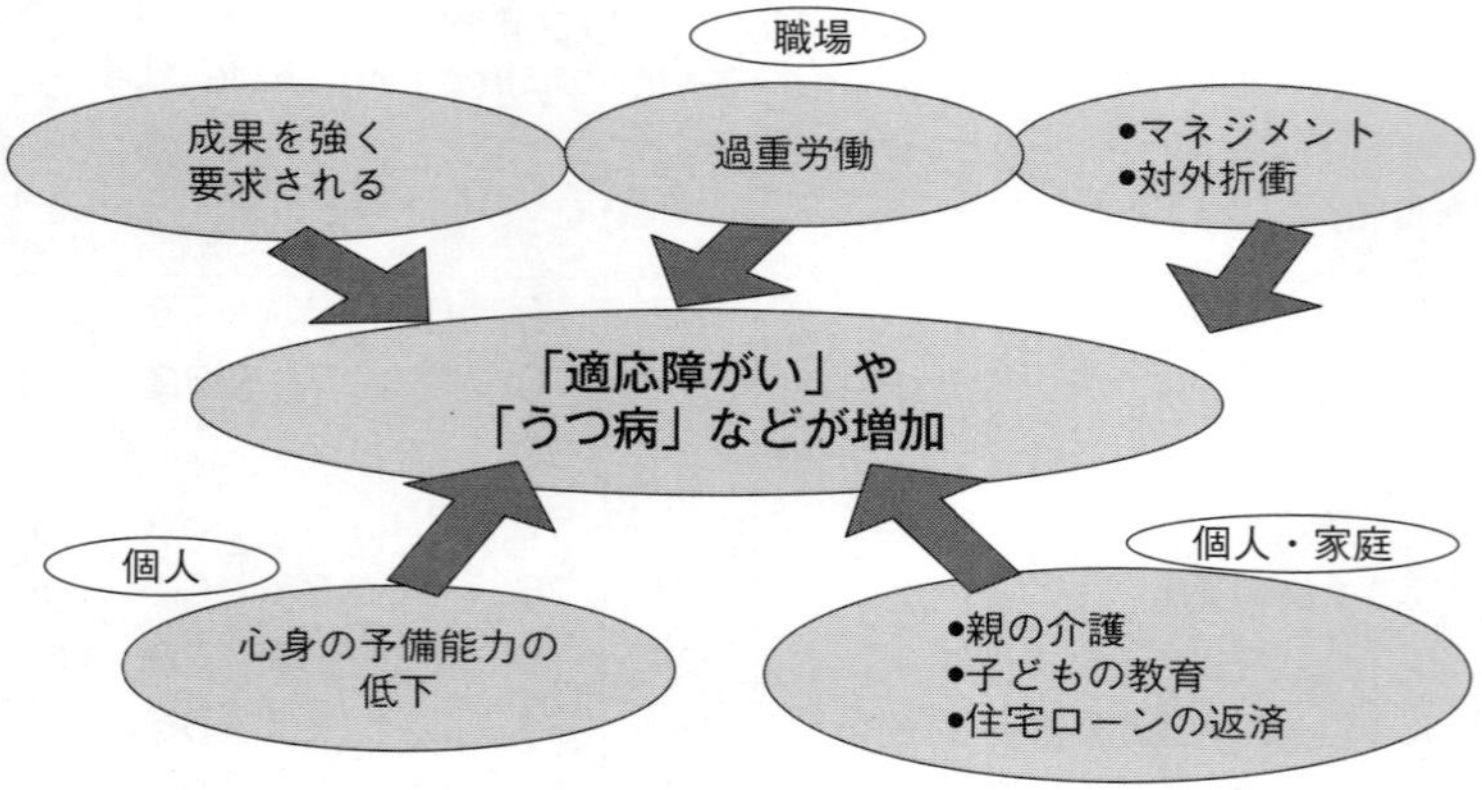

図19　管理職者のメンタル不調の発症要因

◇対応

管理者は、自身に総合的に強いストレス負荷がかかっている点を再認識してほしい。日常的な対処として、まずは無理をしないこと。次に十分に休養をとること。さらにはセルフケアから〝気づき力〟を高めるとともに、ストレス対応を実行してほしい。

Dr.夏目の一言アドバイス

管理職（部課長など）は企業組織や業務の中核的担い手である。彼らの頑張りが企業の盛衰に関与する。多くは40歳以上であり、「心身の予備能力」が低下し無理がきかない。それに反して仕事上の責任は重く、成果・実績やマネジメント、対外折衝能力が求められ、過重労働になっている。さらに家庭でも親の介護や子どもの教育、住宅ローンの支払いなどの負担が負荷される。そのため彼らは「メンタル不調」発症の「ハイリスク群」とも言える。

8　公僕は死語？　公務員のメンタルヘルス

公務員の特性

◇地元出身者が多く、安定志向

まず**表5**に公務員と会社員の違いを示した。また、**図20**に会社の業務や背景などとの違いに重点をおいて、地方公務員社会の特徴をまとめた。

一般的に公務員は安定した仕事で、恵まれていると言われている。また地元出身で「地縁・血縁社会のなごり」を背景に持っている者が多く、議会・議員が身近にいるため、その影響力が強い。国際化が進んでいる一般の企業に比べ、閉鎖的になりやすい。

◇財政悪化が続く

図21に示したように財政悪化が続いて人数が減る一方、住民の多様化したニーズに対応しなければならないストレスがある。個人要因との絡みから、「メンタル不調」者が増加。

次に、事例をもとに現状と、具体的な対応を紹介したい。

表5　公務員と一般の会社員との大まかな違い

機関	公務員	会社員
予算や人件費など	税金	売り上げなどで左右される
仕事内容	公的、営業部門はない	生産と販売など
身分	公務員法 —身分保障がしっかりある —「安定した仕事」というイメージがある	企業によって異なる
その他	•法律や条令に基づく •議会で決定し行政機関が執行 •ストライキは禁止	•株主総会があり役員や社員などが執行 •ストライキは可能

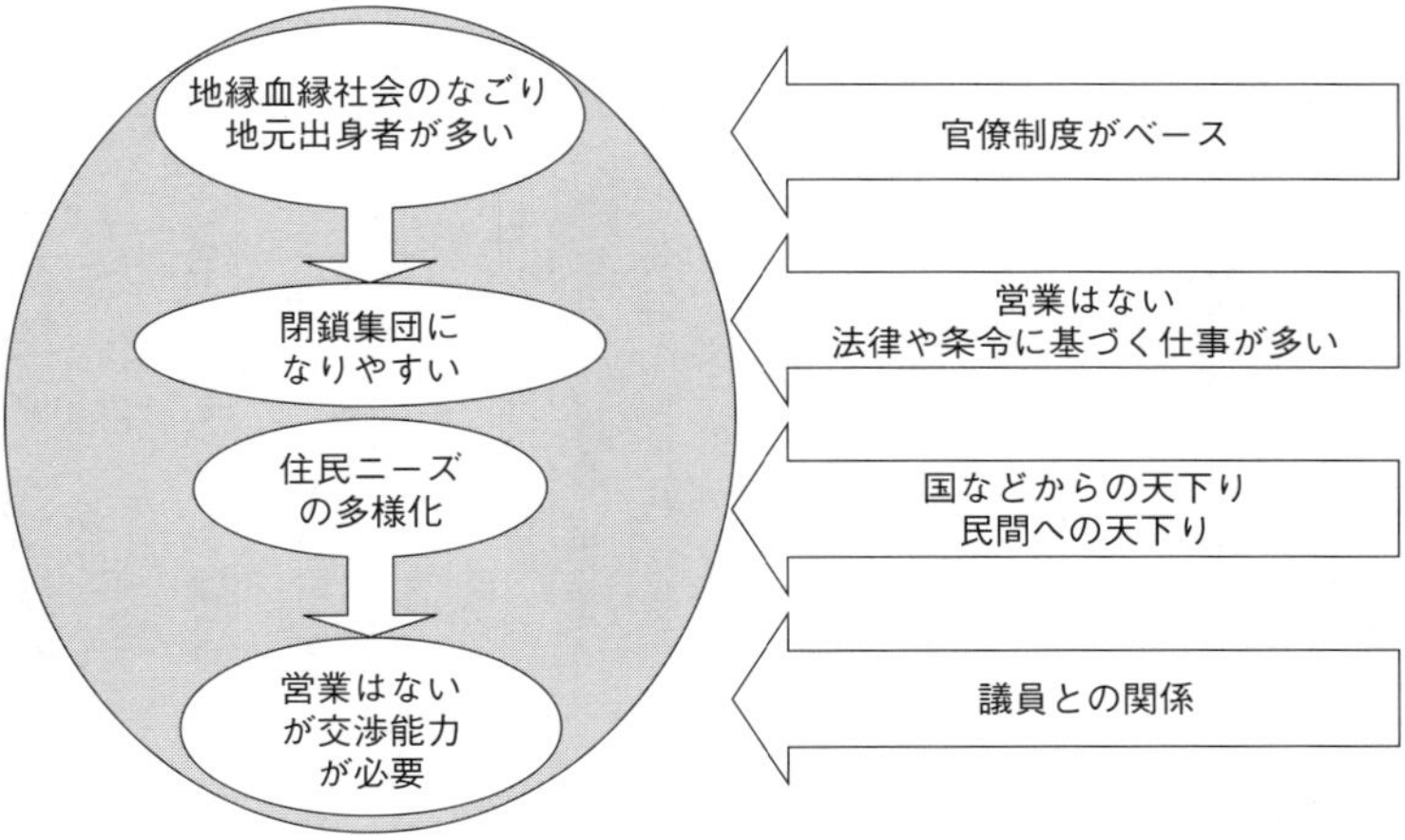

図20　地方公務員社会の特徴

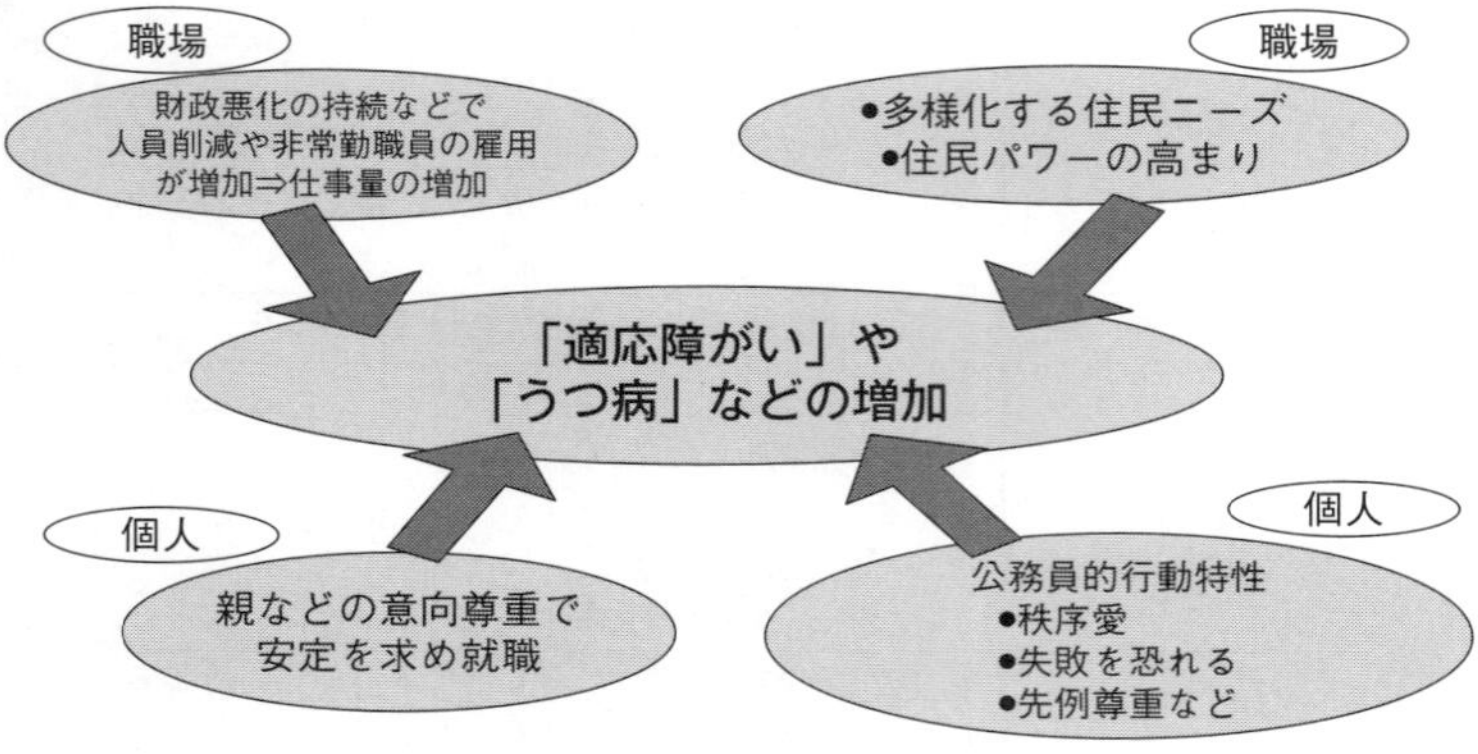

図21　公務員のメンタル不調者増加の要因

事例13　43歳の男性、課長補佐岡田さん（仮名）

◇用地買収交渉によるストレス

A県で生まれ、地元の高校を卒業した（大学は東京）43歳の岡田太郎さんは、課長補佐としてA県庁土木部用地室に勤務。真面目で仕事熱心な人柄である。4人家族。県が800億円をかけ建設する道路の用地買収が仕事であった。1年前から住民への説明会や個別折衝（住民の土地売却への対応）の仕事を行っている。しかし、多くの住人は、住み慣れた土地を売却して離れることに抵抗が強く、説得や買収交渉は困難を極める。

◇過重労働が重なる

説得は「夜討ち朝駆け」になるし、休日になることも多い。1月から5月にかけて、時間外労働が各月とも80時間以上であった。「住民説明会」の司会を2回担当したが、住民との話し合いが荒れてまとまらない。加えて、個別交渉も軌道に乗らない。同年6月5日の朝、起床ができなくなってしまった。

事例14　22歳の女性、佐藤信子さん（仮名）

◇地元市役所に就職し親が喜ぶ

信子さんはB市で生まれ、高校や短大も地元の学校を卒業し、B市役所に勤務して2年になる公務員。親の期待どおりの歩みであった。性格は頑張り屋で目立ちたがりの面がある。両親と弟の4人家族。

最近、「自分の一生はこんなことでいいのか。ほかに自己実現の道があるのではないだろうか」と悩む。学生時代からクラブで演劇（主役の経験も多い）をやっており、現在も同好会に入っている。

◇演劇をしたいが親が猛反対

「本格的に演劇の勉強をしてみたい」と言い、家族を説得する。しかし母は、「せっかく親元から通え、安定した公務員になったのだから…。演劇のような『不安定な仕事』を目指さないで」と強く反対。このころから、役所へ行く日は気分がうっとうしくなる。

勧められてストレス相談室を訪れた。精神科医が「本当に演劇がしたいのなら、その道に進み努力したら」と助言すると、再び迷いが生じる。

◇事例の説明

事例13は用地買収などをするときの地域住民折衝が難しく長引いたことによる、ストレスと過重労働から発症したケースである。

事例14は親の期待に応えて地元の市役所に就職して安定した生活を送っていたが、「演劇がしたい」と決意した。しかし気持ちが揺れているケース。「働く私」としての「自己確立」ができていないモラトリアム人間である。

◇対応

メンタルヘルス問題の歴史をひも解けば、公務員から始まっている。メンタルヘルスに対応する相談室やラインケア研修など制度として根づいていき、対応もスムーズにいく。

事例13の岡田さんは2カ月の休養と治療で症状が軽快。用地買収業務には向いていないという産業医と上司の判断で、9月の異動で住宅管理部主幹（待遇は同じ）として職場復帰し、再発は見られない。また事例14はカウンセリングで「自己客観視」ができ、東京の劇団に入った。

Dr.夏目の一言アドバイス

公務員の人件費は税金で賄われており、非営利で法律や条令などに基づく、公的な仕事が中心となる。

この20年以上、国や自治体の財政悪化が続き公務員の人数が減っている。一方、住民のニーズは多様化し、要求も強い。1人当たりの業務量は増え仕事の内容も難しくなっている。それらに対応しなければならないので、公務員のストレスは強くなっている。その背景を熟知し、ストレス研修やラインケア研修、相談室の設置などで対応する。

第3章のまとめ

企業の大きな変貌が持続

この章では変貌し続ける企業(世界競争に伴うグローバル化やリストラ、海外進出など)や職種(技術職、研究開発職、営業、生産工程職など)の実態について事例を中心に、対応を含め具体的、実際的に説明をした(**図22**)。

こうした企業経営の大きな変化の流れは持続している。

では、このような変化に、心身の不調をきたさぬよう対応するにはどうしたらよいのだろうか。

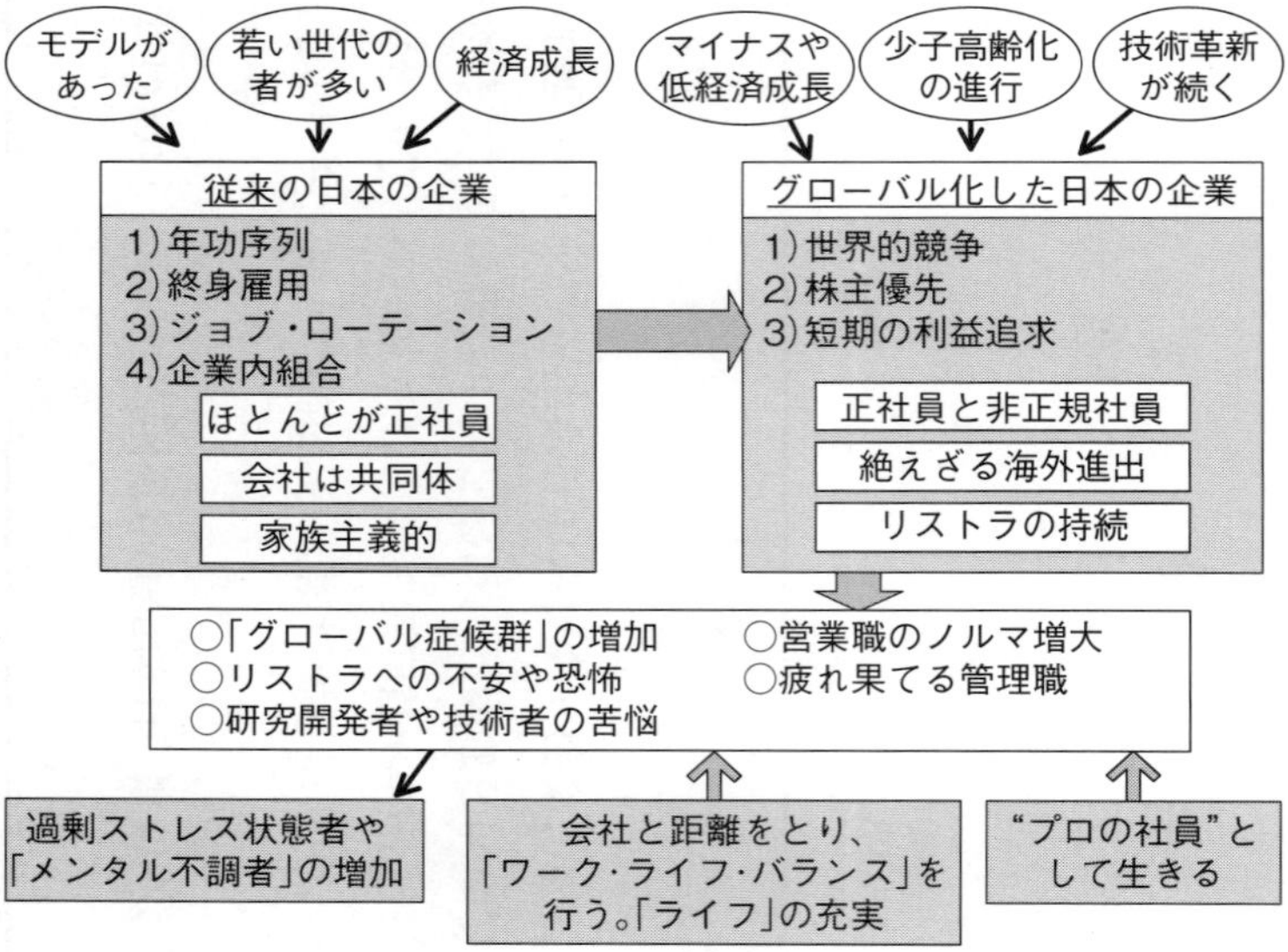

図22　社会変動と企業の大きな変貌
(知見を中心に夏目の考えを含めて作成)

職種のプロ社員を目指す

対応の1つとして、社員は企業との相互依存的なあり方を変えるのが重要である。企業に頼り、お任せする姿勢からの脱却だ。すなわち会社とは適度な距離を持ち、企業に就職するのではなく、研究開発職や営業、事務職などの職種プロになる道である。プロ社員誕生である。その道、その分野の熟達したスキルや人脈をもつ人になることだ。

日本は今まで「就社（会社へ就職）」のみしか考えてこなかった。「就社」でなく、本当の意味での「就職（仕事を選ぶ）」である。そうなれば企業が、自分の望まない方向に変化したり、リストラを行う場合などに、別の企業に転職が可能になる。

この章までで社員と企業の変化の項を終える。次章では増えているが、職場関係者などが対応に苦慮する「現代病」について事例を中心に紹介したい。

第4章

増加する「現代病」への対応

「適応障がい」、「現代型うつ病」。いずれも職場の管理監督者をはじめ、近年、メンタルヘルス対策に関わる読者を悩ますキーワードだ。言わば「現代病」である。「うつ病」や、「従来型うつ病」との違いからこれらを正しく理解し、職場での対応のヒントとしてほしい。

1　増加し続ける「適応障がい」

職場で最も多くみられる「適応障がい（職場不適応症ともいう）」について、事例を中心に分析を行い、問題点について解説する。まずは、代表的事例をあげる。

事例1　32歳の男性　加藤さん（仮名）

◇本社企画係長に抜てき昇進

加藤さんは大学卒業後、大手メーカーに就職して10年になる。性格は真面目な努力家であり、融通性が乏しい人。妻と子どもの3人家族。4月の人事異動で支店営業係長から本社企画課第一係長に抜てき配転される。期待に応えようと努力をするが、企画は初めての仕事なので戸惑う。「営業企画書」を部長会に提出することになりプレッシャーを感じた。各課との調整業務が多く、帰宅はいつも深夜になった。

◇企画と営業は違う

企画書作成のために根回しに行くが、各部門の調整がうまくいかない。夜中に目覚め、「どうしたらよいか。期限も迫っている」と悩む。「半分は聞き流したらよいのではないか」と上司に言われるが、それができない。休日出勤をして頑張るが、思うようにいかないので焦ってさらに悩む。同年7月、本社ビルが見えると動悸《どうき》が激しくなり，冷や汗が流れ出す。そして出社できなくなった。妻に勧められ、妻も同伴で精神科クリニックを受診した。

対応の問題点はどこにある?

◇職場の責任

問題点は図1に示したように過重労働などが続いてしんどい状態にあるが、職場関係者は気づいていない、また職場サポートがなされていないこと。

① 過重労働対策ができていない

加藤さんは2カ月も連続して100時間以上の残業が続いたのに、上司はそれを減らす対応をしていない。人事部は労働時間管理をしているが、詳しくは把握していないので「医師面談」の対象になっていない。

② 職場関係者の気づきがない

周囲の人たちは加藤さんが過剰ストレス状態に陥っているのに気づいていない。そのために、「加藤さんの行動や考えが空回りし、あせった状態」が続く。いわゆる「ラインケ

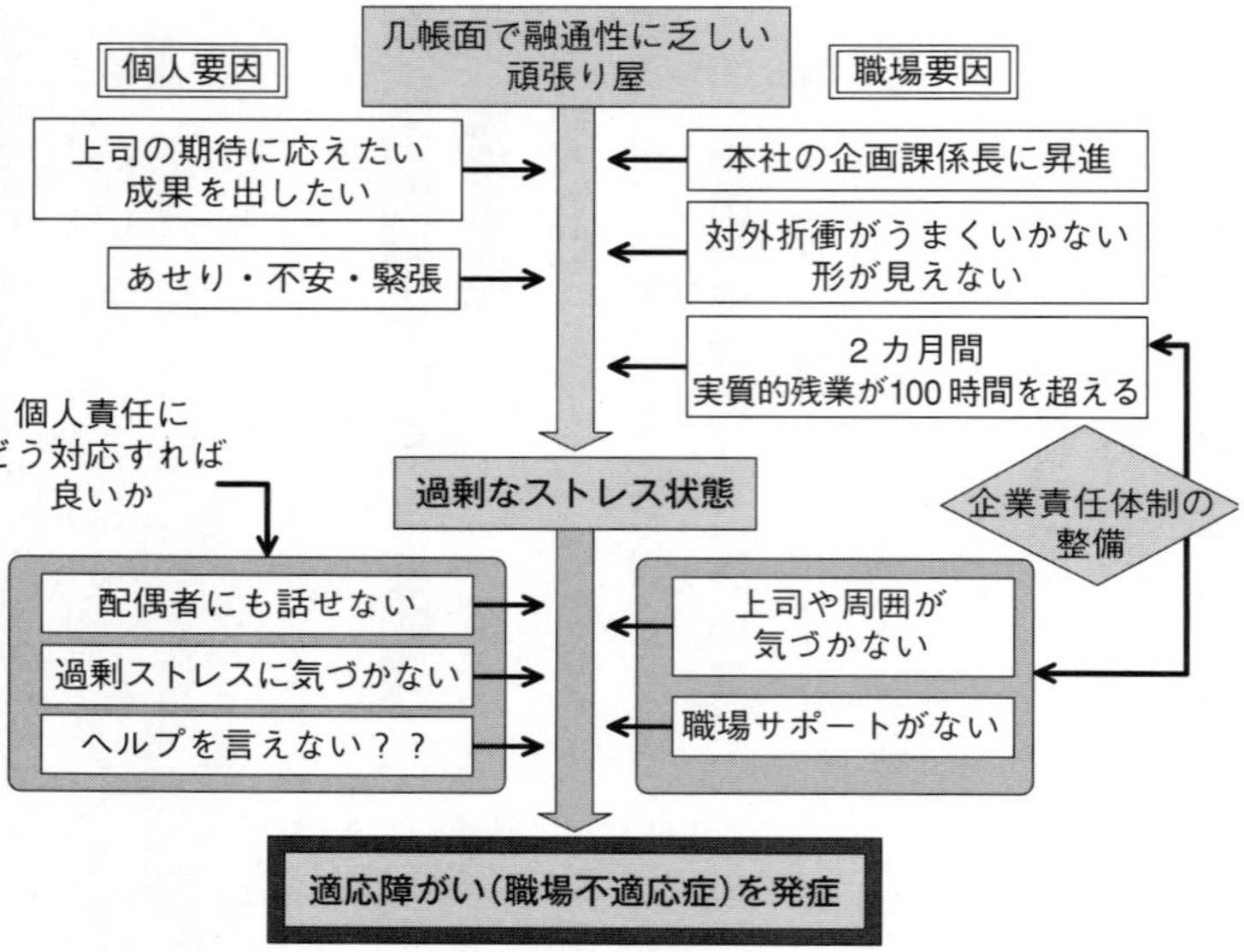

図１　事例1の発症メカニズムと２要因の問題点

ア（上司による部下への配慮や対応）」がなされていない。

③　サポートがない

気づいていないからサポートができない。サポートは、相談にのる、仕事の軽減、仕事への援助などが中心になる。

◇本人の問題点

本人の問題点は、以下の3点に集約できる。すなわち、①係長としての職責ストレスや過重労働の持続があるのに気づかなかった。②妻や友人などに相談できなかった。③仲間に「ヘルプ」を言えなかった。

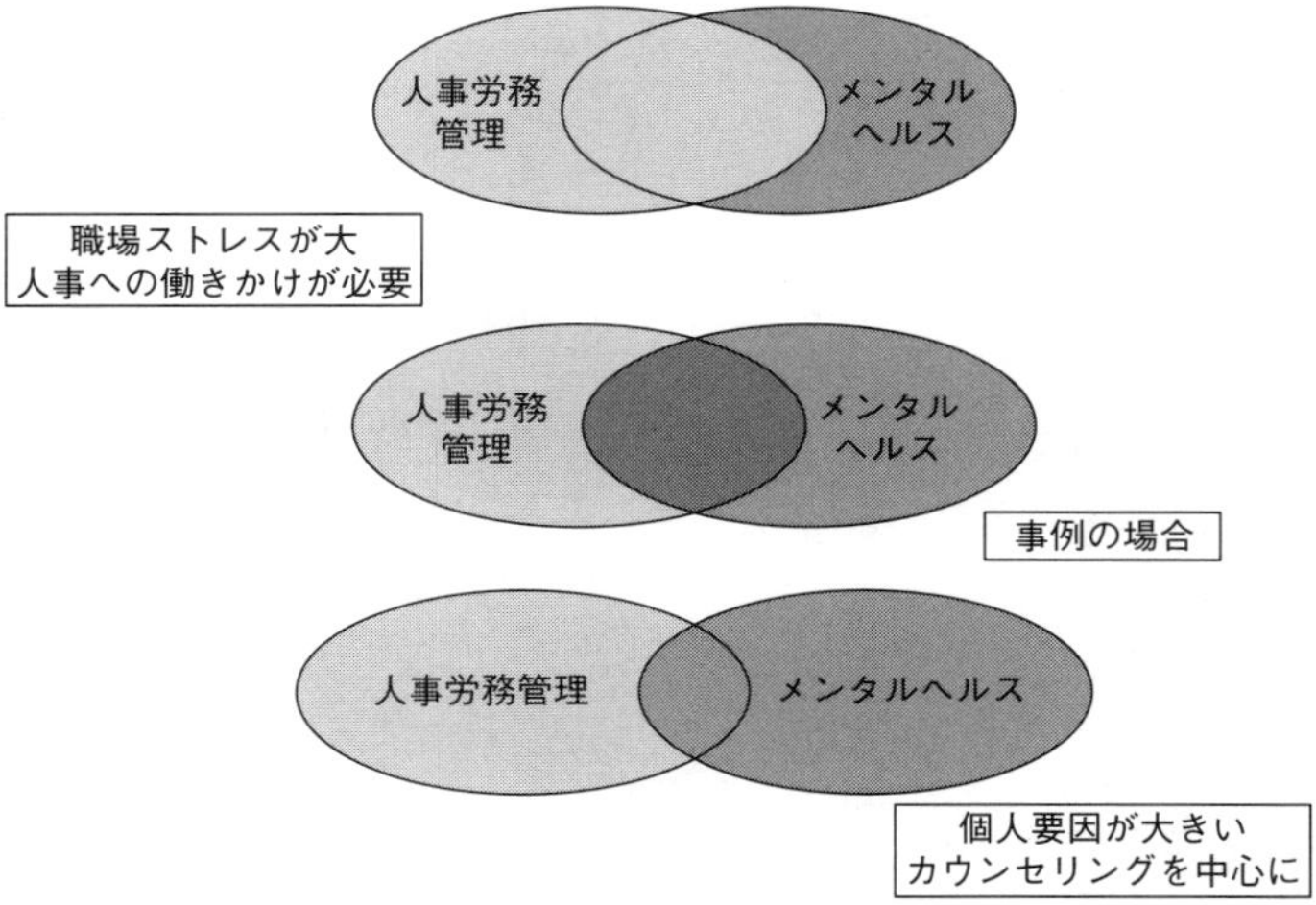

図2　「メンタルヘルス」と「人事労務管理」が関与⇒どちらが強いかが見極めのポイント（図は夏目の知見を中心に先行研究も含め作成）

「適応障がい」理解のポイント

◇「人事・労務管理面」も関与

発症の要因としてメンタルヘルス面の要素も強いが、人事異動や労働条件、仕事の内容などの「人事労務管理面」も関与している。その関係を**図2**に示した。職場ストレスが強い場合には、人事面の影響が大であり、人事的な対応が必要になることが多い。また、「適応障がい」の主たる原因は、**図3**に示したように職場要因と個人要因に大別され、それらに社会的要因が影響している。

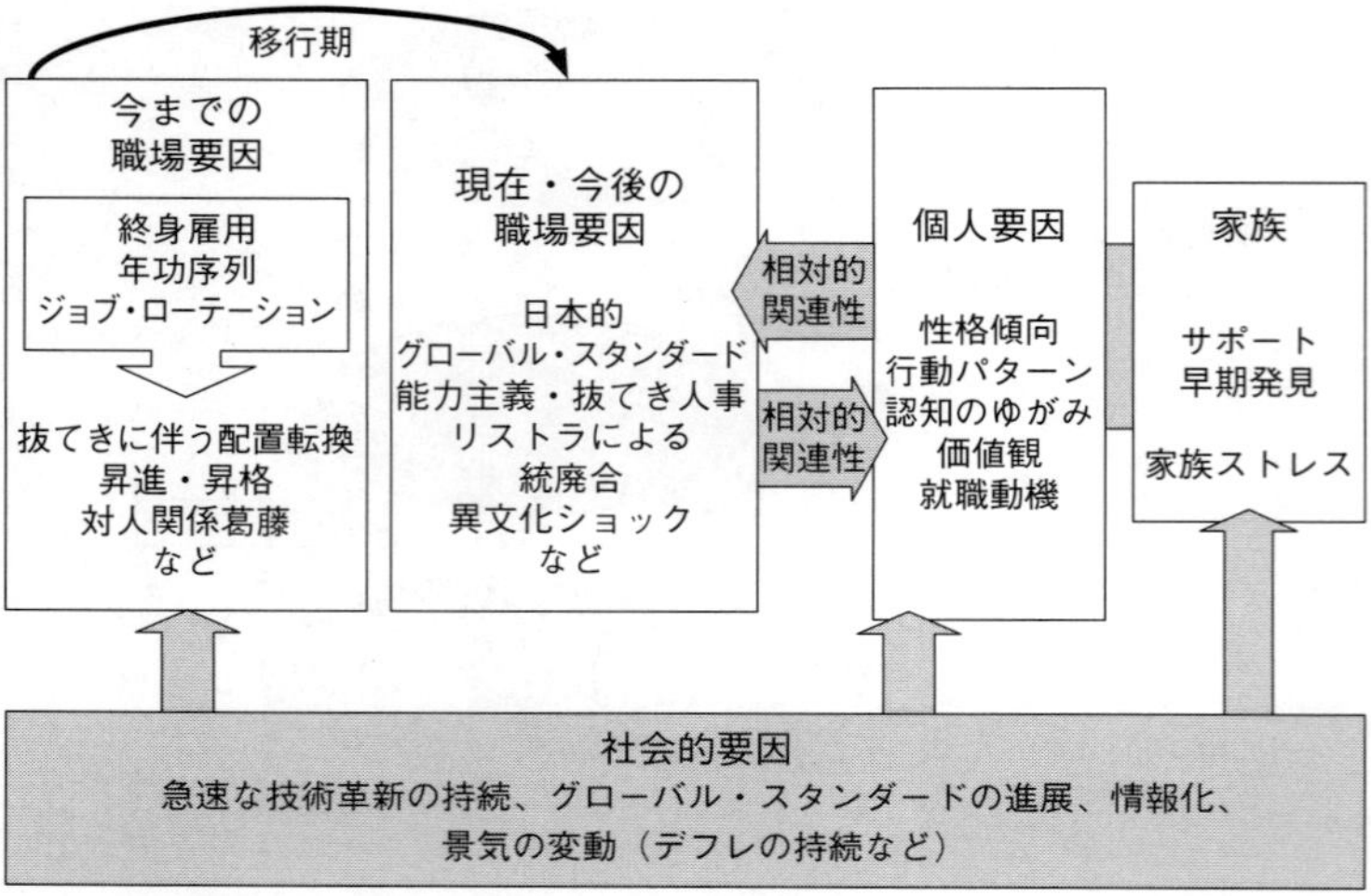

図３　適応障がい（職場不適応症）の原因、「現在」と「今後」

（文献と経験則から夏目が作成）

表1 「適応障がい」の発症要因

職場ストレス	個人要因（性格特性）
1. 抜てきに伴う配置転換 2. 仕事の複雑化 3. 昇進・昇格 4. 対人トラブル ※最近ではリストラに伴う組織再編、過重労働が多い	1. 几帳面、生真面目で融通性が乏しい 2. 未熟で自己中心的 ※最近では「強い自己愛」を持つ人が多い

◇職場ストレスと個人要因

次に、職場ストレスと主たる個人要因である性格で多く見られるものを**表1**にまとめた。かつては我々の調査で、1位が抜てきに伴う配置転換、2位が仕事の複雑化、3位が昇進・昇格、4位が対人トラブルであった。しかし最近では、リストラに伴う組織再編や、過重労働が多い。一方、性格特性では、かつては1位が几帳面、生真面目で融通性が乏しい、2位が未熟で自己中心的であった。最近では、「強い自己愛を持つ人」が多い。両要因とも、時代の流れとともに変化していることを理解してほしい。

Dr.夏目の一言アドバイス

「心の病気」で多くみられ、増加している「適応障がい（職場不適応症とも言う）」は「職場ストレス（職場要因）」と性格や行動パターン、〝価値観〟などの「個人要因」のカラミから発症する。2つの側面があることを知り、洞察を深めて〝気づき力〟を高めてほしい。

「適応障がい」と「うつ病」との違い

事例2　本社抜てき後、適応障がいとなった片岡さん（仮名）27歳

片岡四郎さん。1、400人の社員が在籍する販売会社（本社は東京で400人、営業所や支店などに社員が1、000人）の京都営業所で3年間抜群の成績を残し、社長表彰も受けた。性格は明るく真面目で活動的。

実績が評価され、この4月に本社営業企画課第1係に引き抜かれた。営業所では営業一筋で数字を残せば良かったが、本社は会議が多く書類作りに追われる。初めての本社勤務なので知っている人が少なく戸惑う。「これではいけない、営業でつちかった気合いだ、根性だ！」と頑張るが、空回りする。

◇事例を振り返る

①　「適応障がい」で「うつ状態」に

6月頃から本社ビルを見ると動悸がし、冷や汗が流れる。疲れを感じ、気分が落ち込むようになった。内科を受診し検査も受けるが体に問題はなく、紹介でメンタルクリニックを受診。精神科医から「『うつ状態』で、取りあえず1カ月間の休養加療を要する」との診断書が出た。3カ月後に症状は軽快し精神科の主治医から「就業可能」と言われた。

②嘱託産業医は「うつ状態」を「うつ病」と思い込む

嘱託産業医（週1回半日勤務、近くで開業をしている内科医）は、「『うつ状態』の診断で休み、職場復帰可能という主治医の判断だから『うつ病』だと思い、無理をさせず、今の職場への復帰が良い」と考えた。係長も「『うつ病』からの復職である。『励ましはダメ』と言われているから、のんびりさせてあげよう」と思って、そのように実行した。簡単な仕事から始まり、2カ月後に元の仕事に戻るが、すぐに再発。

「なぜだろう。簡単な仕事しかさせていないし、残業もないのに…」と産業医も上司も戸惑った。

③実際は「適応障がい」だった

片岡さんは「うつ病」でなく、「適応障がい」だった。主治医は最初「うつ病」を考えた。しかし「経過と職場ストレス」を検討すると、営業に向いている人が事務処理能力や根回しが必要な本社の仕事や雰囲気に適応できず、2次的に落ちこんでいると診断した。「できれば営業職に戻すのが良いと思うのだが。面識のない産業医に、どう伝えればよいか」と迷った。そして、とりあえず「職場復帰可能」の診断書を出した。

ポイントは「落ち込み」が先か後か

「うつ病」は気分が落ち込み、気力が出ないことから始まる。一方、「適応障がい」は、仕事やポストなどに求められる「役割遂行」がうまくできないので、「**自分が情けない→落ち込む→自信をなくす→仕事への気力が低下**」という流れになるのが特徴。最初から気分が落ち込んで「うつ」の状態なのか、強いストレスが負荷されて落ち込みが起こるのかの差異である。

◇職場ストレスと症状の差異から知る

① 治療法が異なる

「適応障がい」と「うつ病」の鑑別は重要である。なぜなら、事例のように症状の類似は多いが、治療法が異なるからだ。「適応障がい」は、「昇進や抜てきに伴う転勤、仕事の内容の大きな変化」などの職場ストレスに対して、個人の「性格や価値観」などが合わずに職場にうまく適応できずに発症する。多くの人は「今までのように仕事ができない。そういう自分が情けない。自分に腹が立つ」と自己嫌悪に陥り2次的に落ち込み、「うつ状態」を呈するのだ。「客観性がある強いストレス」の後に発症するのが特徴である。

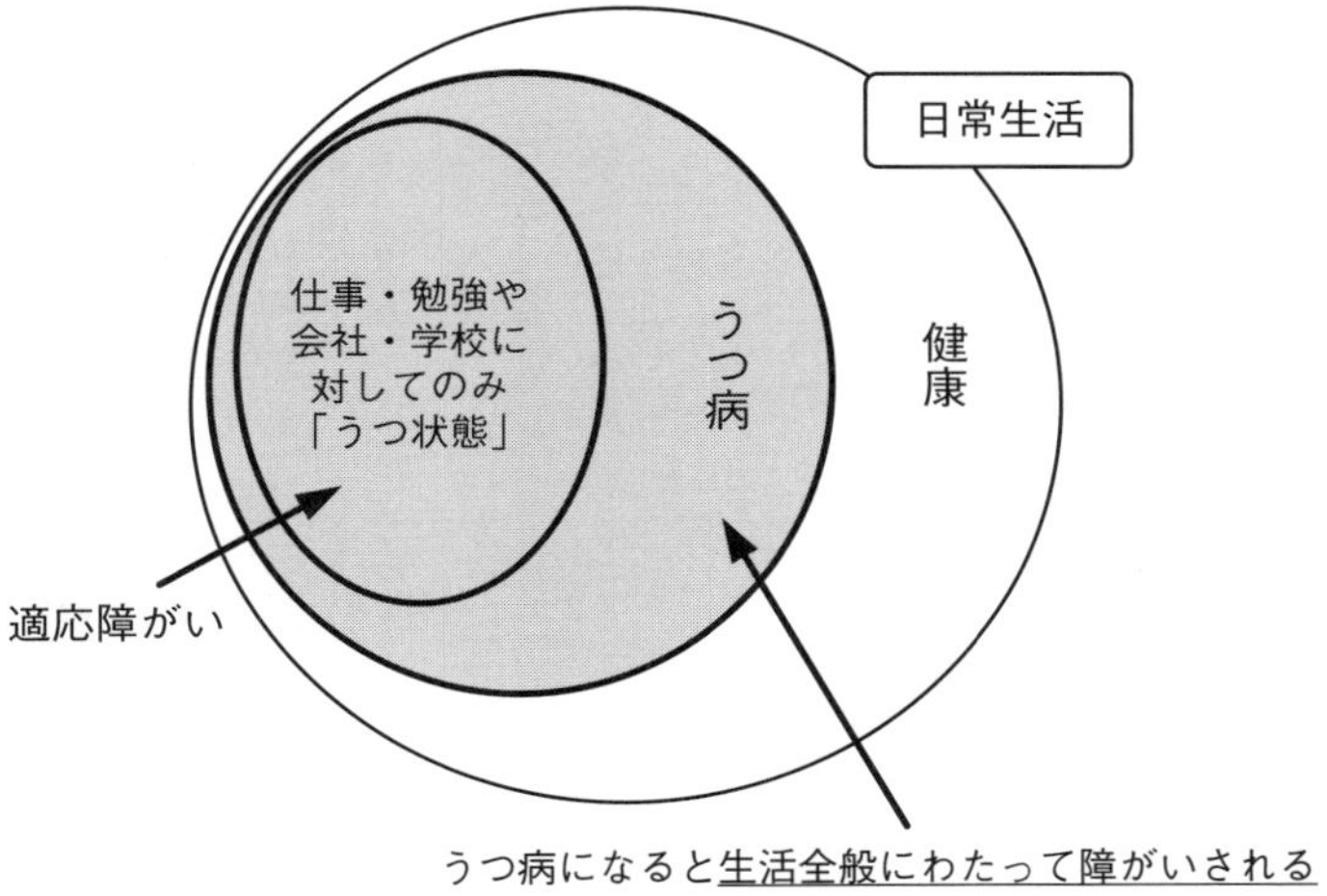

図4　適応障がい、うつ病の鑑別のポイント
（図は知見を中心に夏目が作成）

② 落ち込みが「仕事・会社」のみか

「両疾患の鑑別」のポイントを**図4**と**表2**にまとめた。まず、日常生活のどの部分に「障がい」が生じるのか。図4のように、「うつ病」は生活全般に支障を生じ、「適応障がい」は職場、仕事のみだ。すなわち「休日と出勤日」の差異である。「適応障がい」は休日の気分はラクで、好きなことができる。しかし、出勤への不安・恐怖・緊張は強い。さらに同症は、治療的見地から職務適性に合った職場に配置転換をすれば、治癒しやすい。

表2 「うつ病」と「適応障がい」の鑑別のポイント

（藤井久和博士の説に夏目が加筆した）

症状など	うつ病	適応障がい（職場不適応症）
意欲の減退と抑うつ気分	生活全般に	職場や仕事関連が強い （部分的うつ状態）
休日	変わらない	休日はラクになる
好きなこと	できない	できる
就業への不安、恐怖、焦燥など	ない	強い
抗うつ剤の効果	あり	ない、もしくは悪化 （抗不安剤の方が有効）
治療的配置転換 （藤井博士が命名）の効果	少ない	著しい効果を示す

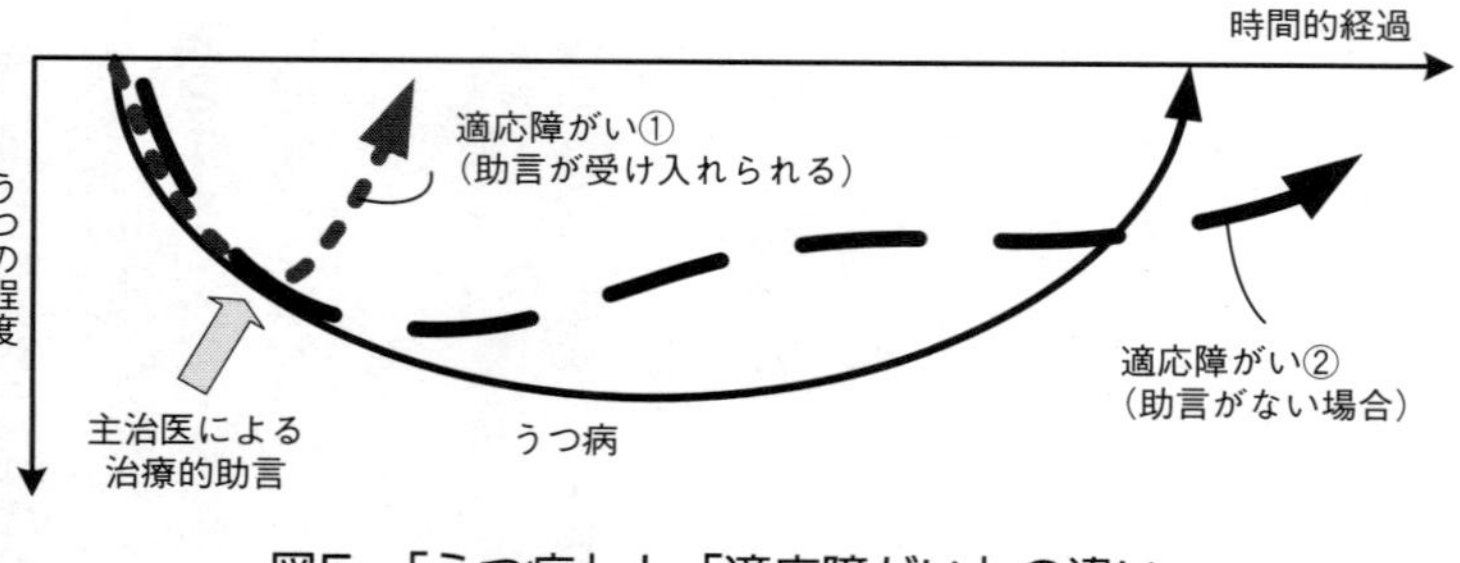

図5 「うつ病」と「適応障がい」の違い

「治療的配置転換」が有効

このケースでは、再発後に主治医と産業医が連絡を取り合った。主治医は「営業職に戻す方がよい」と助言。産業医と人事課長はそれを受け入れた。その結果、「大阪支店北大阪営業所」に治療的な意味合いを持つ配置転換を行った。これを「治療的配置転換」と言う。転勤後、症状は全くなくなり、営業所でトップの成績を上げている。

図5に事例における「治療的助言」の効果（①のパターン）を示した。助言は効果がある。②のように、助言が受け入れられないまま仕事を続ければ、症状は周囲の配慮もあり多少は軽快する程度だ。

Dr.夏目の一言アドバイス

「適応障がい」と「うつ病」の違いを知ってほしい。会社や仕事のみに限局した「うつ状態」で、休日は気分がよく好きなことができるのが「適応障がい」である。カウンセリングや治療的配置転換が有効。「うつ病」は全体的に落ち込み、好きなこともできない状態である。治療は、休養と薬がポイントだ。

2　共感が難しい「現代型うつ病」

近年、若者を中心に、職場などで「現代型うつ病」が増え、どこの企業でも対応に苦慮しているのが現状だ。従来からある「うつ病」とかなり異なっている。そこで、まず「現代型うつ病」の定義と特徴を中心に、事例をあげながら解説する。

事例3　25歳の男性、中田さん（仮名）

◇係長が注意

中田好男さんは大学卒業後、大手メーカーに勤務している2年目の社員で、本社総務課に所属している。まじめで、いわゆる「自己愛が強い（自分はスペシャルな存在だ、優れた人だ、と思い込んでいる）」タイプ。

昨年11月に、彼が作成した書類にミスがあった。以前も同様のことがあり、仕事への集中度が低いので、係長が注意した。すると、うつむいたまま硬い表情で話を聞く中田さんの顔色が、みるみる変わっていった。

◇強い「自己愛」が傷つく

中田さんは叱責《しっせき》されたと反応し、茫然《ぼうぜん》自失となった。なぜなら、今まで学校や家庭、近所などで叱られたことがない。むしろ成績が良い彼は、ほめられることに慣れていたので、叱られるのは初めてといっていい体験だった。彼の「強い自己愛」は傷つき、激しい怒りとともに、落ち込んでいった。夜も眠れず、出勤が怖くなった。

◇「うつ病」と自己診断する

自分は「病気」なのかと思い、インターネットで検索した。同じような体験をしている若者の「会社がつくったうつ病」と書いてあるブログを見て、「これだ!」と思った。その後、インターネットで探したメンタル(精神科、心療内科)クリニックを受診した。

精神科医から「うつ状態」と診断されると、中田さんはうれしくなった。そして彼は主治医に「私、『うつ病』ですね。ネットに書いてあった『うつ病』ですよね!」と訴えた。「先生、会社が悪いのだから、休んだほうがいいですね」と提案。主治医も思わず、うなずいてしまった。

職場と主治医の立場からみる

この事例は、「現代型うつ病」の代表的なものである。ケースの流れから、その特徴を把握していただきたい。以下に、中田さんへの「職場側の見方」と「精神科医の見方」を示す。

①　職場側の見方

事例のように、一方的に「職場が悪い」と反応するので戸惑う。「うつ病」のように落ち込んでいるように見えないため、「本当に病気か」と、上司などは疑ってしまう。係長は、「どう対応や指導したらよいか」と悩んでいる。彼らの苦慮を**図6**にまとめた。

②　精神科医の見方

抗うつ剤などの薬はあまり効果がなく、「自分と向き合い、自分を見つめる」ためのカウンセリングの対象になりにくいので、精神科医も対応に苦慮する。**図7**に示した。

「現代型うつ病」について

「現代型うつ病」は、正式な病名ではない。従来の中高年に多くみられた「うつ病（専門的になるが、『メランコリー型うつ病』、『大うつ病』を指す。それらを『従来型うつ病』とする）」とは、違う症状を示し、かつ対応が異なるために、使われだした。また「新型うつ病」とも言うが、新しく発症したものではないため、「現代型うつ病」の名称が妥当である。

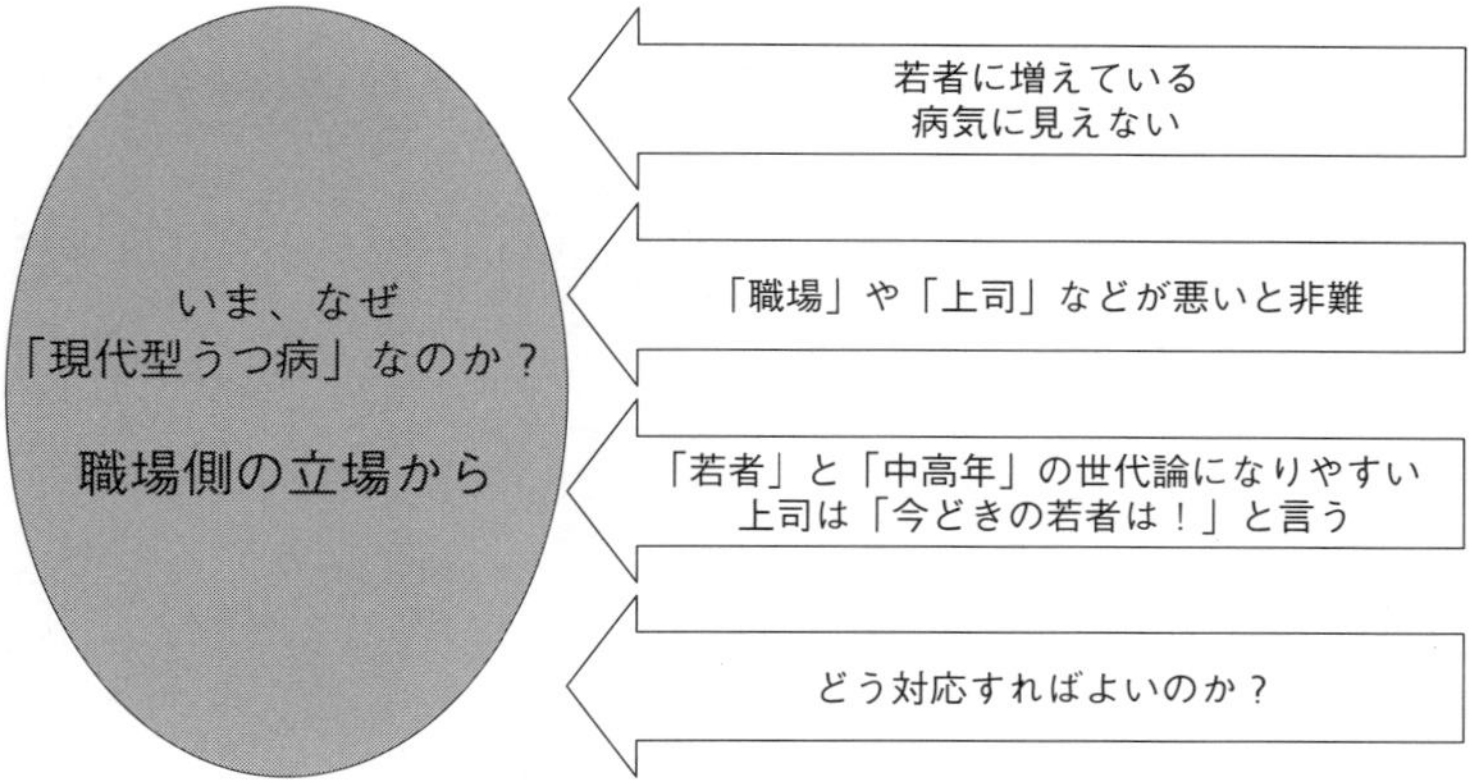

図6　職場側の見方（職場側の苦慮）

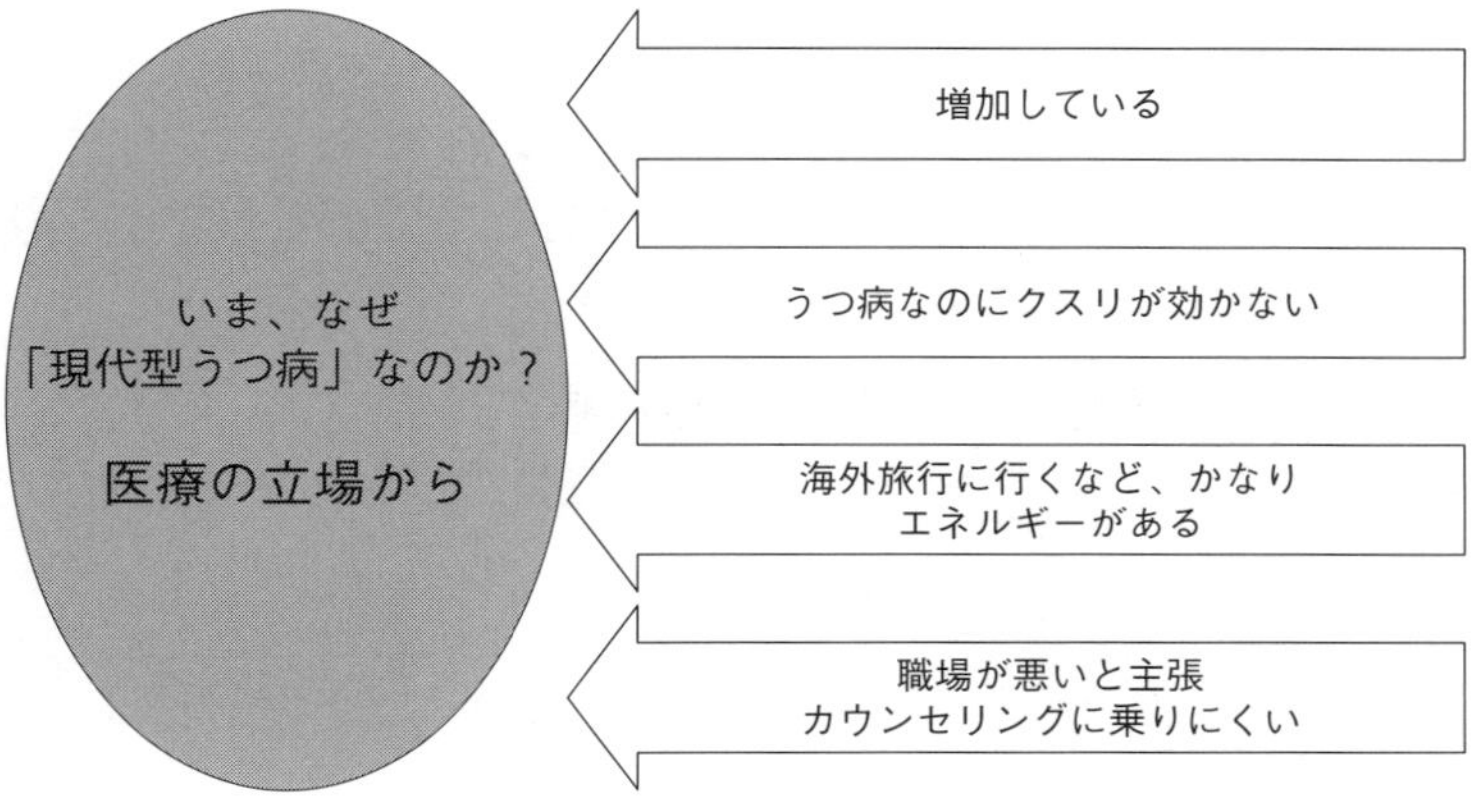

図7　精神科医の見方（精神科医の苦慮）

これには図8に示したように、さまざまなタイプがある。以下、専門的になるが「未熟型うつ病」、「職場結合型うつ病」などは日本で提案されたが、「学説」の段階である。国際的に使われ、きっちりした診断基準があるのは、『非定型うつ病』と『ディスチミア型うつ病』のタイプである。

見かけられ始めたのは、15年ほど前

私が「現代型うつ病」に気づいたのは、15年くらい前だ。一般的に中高年者に「うつ病」は多いのに対し、20代の若者が「気分が落ち込む、職場に行きたくない」と訴え、企業内診療所を受診してきた時からである。最初は「適応障がい・職場不適応症」と考え、対応した。

◇強い職場ストレスがなくても発症

しかし、経過を見ていくと違う。なぜならば、

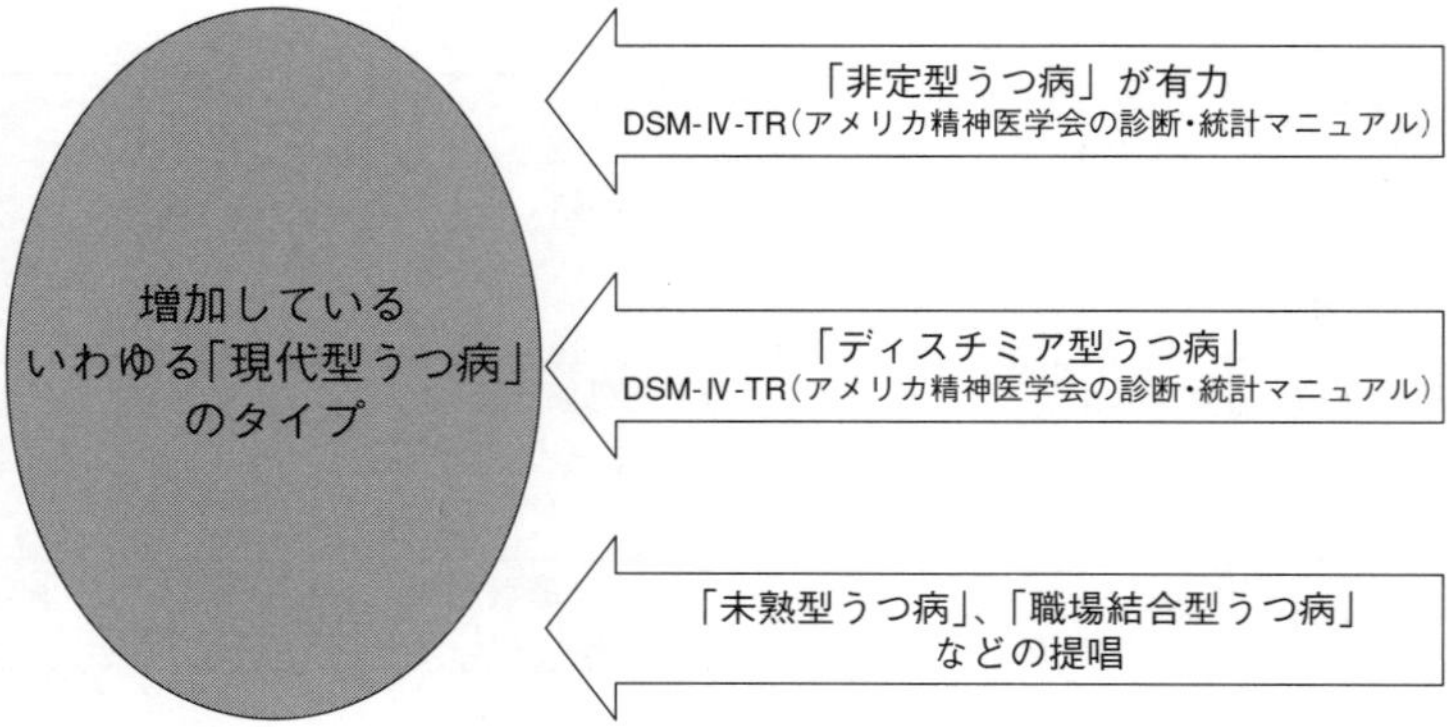

図8　いわゆる「現代型うつ病」のさまざまなタイプ

「客観性のある強い職場ストレス」が見られないからだ。彼らが主張している「職場ストレス」は、主観的で「思いこみ」の強いもの。国際疾病分類であるICD-10の「診断基準」でいう、「ストレス因子」には該当しない。またカウンセリングに乗ってこないし、治療上の観点から「希望職場に配置転換」をしてもよくならない。

そこで「現代型うつ病」と診断し対応してきたが、治療効果が「適応障がい」や「従来型うつ病」に比べ低い。

Dr.夏目の一言アドバイス

「現代型うつ病」は、職場のメンタルヘルスにおけるホットなテーマの1つである。それは「病名」ではなく従来から言われている「うつ病」と対比するために言われている。特徴をまとめると、1．最近、若者を中心に増加、2．抗うつ剤などの薬は効かない。3．彼らは「私が病気になったのは、職場が悪い、上司や先輩などが悪いからだ（外罰と言う）」と反応することが多い。4．そのために職場は対応に苦慮する。

「現代型うつ病」と「従来型うつ病」との差異

若者に増えている「現代型うつ病」だが、従来からある「うつ病」（以下、従来型うつ病）との違いに戸惑った方も多いだろう。すなわち「メランコリー型うつ病」、「大うつ病」とは、どう違うのだろうか。その区別について代表的な事例を提示し、理解の手助けとしたい。

事例4　45歳の男性、大橋さん（仮名）「従来型うつ病」

◇長時間労働から医師面談

大橋さんは何事も厳密に行わないと気がすまない人。そして、生真面目で責任感が強いタイプ。最近3カ月間は多忙で、時間外労働時間が月100時間を超え、過重労働のため「産業医面談」を受けた。

彼の不調は、不眠症状から始まった。眠りが浅く、早朝覚醒がある。朝にゆううつな気分が強い。「何かしよう」という意欲が低下。以前なら必ず読んでいた新聞も読みたくないし、テレビを見ても面白くない。その反面、イライラは強い。疲れやすく、判断力が低下してしまう。疲労感も強い。この状態は、休日も出勤日も変わりがなかった。

◇産業医は「うつ病」を考える

検査を受けるが、異常所見はない。大橋さんが気にしていた肝機能検査も異常がなかった。産業医は「うつ病」を疑い、提携の精神科医に紹介した。精神科医が診断書を書こうとすると、「皆に迷惑がかかり申し訳ない。私が悪いのに…。出勤したい」と強く主張したが、しぶしぶ休みをとった。休養と抗うつ剤の投与により5カ月で軽快。職場復帰のリハビリを経て、1カ月後に復職をした。この3年間、再発はない。

◇事例の説明

事例の大橋さんは「従来型うつ病」。几帳面、生真面目な執着性格を有している。「休んで、皆に申し訳ない」と自分を責める「自責」があった。このような「うつ病」は、中高年に多い。また、朝方のゆううつが強く、意欲減退も認められる。早朝覚醒もあった。治療は抗うつ剤の投与と休養である。

事例5 「現代型うつ病」23歳の女性、杉山香奈さん（仮名）

◇対人過敏性と過食

大学卒業後、大手メーカーに就職して2年目の女性。性格は明朗だが、対人過敏性があった。6月頃から会社に行くのがおっくうになり、時々欠勤となる。休日も同様な状態だった。体が重くて動きにくい。仕事への意欲が低下し、集中力が落ちた。香奈さんは体の病気と思い、内科を受診する。受診時に、「先輩の女性2人とうまくいかない。自分のやり方を押しつける。言い方もキツイ。叱り方がひどい」と訴えた。精神科受診を勧められ、「うつ病」と診断され本人も喜んだ。

◇治療と経過─職場復帰と再発

主治医は休養を取らせ、治療を行った。1カ月半は自宅でのんびり過ごす。抗うつ剤を中心に薬物療法を行う。「認知のゆがみ（妥当でない〝思い込み〟）」があったので、認知行動療法（認知のゆがみを修正する治療法）を行った。この間、過食や過眠がみられた。

また、「うれしいことがあると、うつ気分はなくなる」を特徴とする、「気分反応性」がみられる。嫌なことがあると、2週間くらいうつが続く。うつ症状の変動として「大波」、「中波」、「小波」がみられた。調子が良い時と悪い時が、1週間のうち半々くらいあった。抗うつ剤はあまり効かない。

3カ月後に軽快したので、職場復帰のリハビリを助言したが、あまり実行しない。そこで、生活リズムづくりを実行させた。復帰3カ月後に時々体調の不調を訴えた。4カ月後に、その頻度が増す。「先輩などとの対人関係がツライ!」と対人葛藤を訴える。「うつ病」が再発し、再休職となった。

◇事例の説明

「非定型うつ病（「現代型うつ病」）」と診断—気分反応性と過食、過眠

事例は「適応障がい」も考えられるが、休職しても楽にならず、休日も症状はあまり変わらない。それに加えて、抑うつの程度や経過から「うつ病」を考えた。「現代型うつ病」の代表的なタイプである「非定型うつ病」を系統的に紹介したのが、精神科医の貝谷久宣博士である。

私はその知見を考慮して、DSM-Ⅳ（アメリカ精神医学会の診断・統計マニュアル第4版）にある診断基準から「気分反応性」を認め、体のだるさ（鉛様現象）などの疲労症状が強く、過食や過剰睡眠もあるので、「非定型うつ病」と診断した。

表3に示したように「現代型うつ病」は「従来型うつ病」に比べ、治療が難しい。また、事例のように職場復帰しても短期間で再発する人が多い。**図9**に示したように、「従来型

表3 「2つのうつ病」の違い

症状など	従来型うつ病	現代型うつ病
性格特性	執着性格 （几帳面　熱中性）	自己愛が強い
誘因や原因	自分が悪いと思う （自責）	外罰的に反応
気分反応性	ない	強い
抗うつ剤の効果	あり	効かない

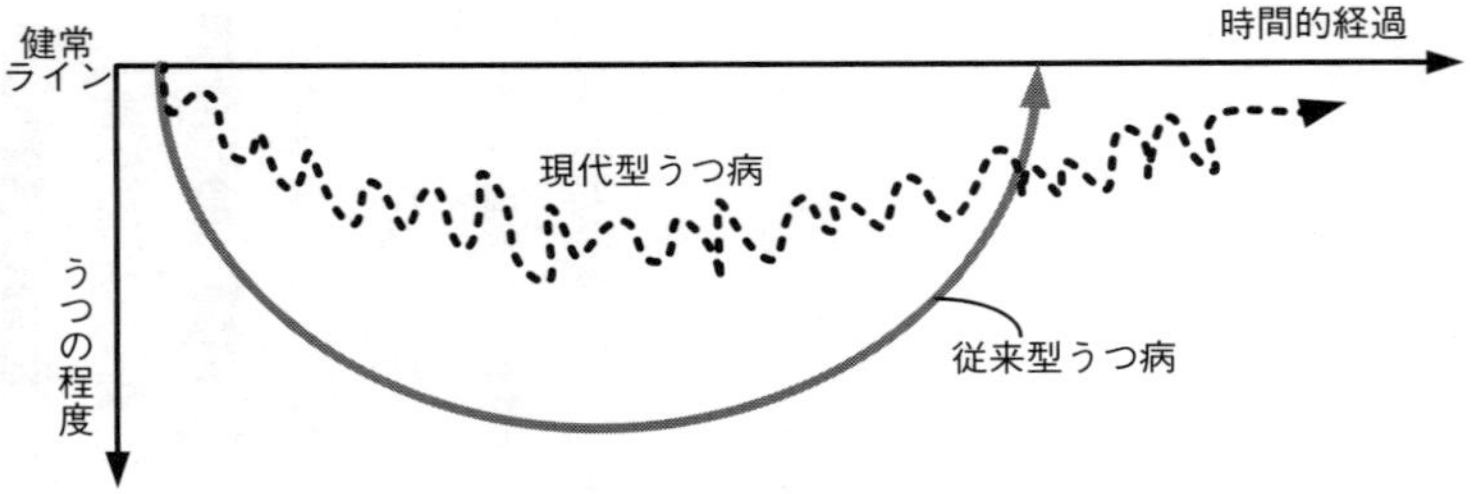

図9 「従来型うつ病」と「現代型うつ病」の経過の違い
（イメージ図）

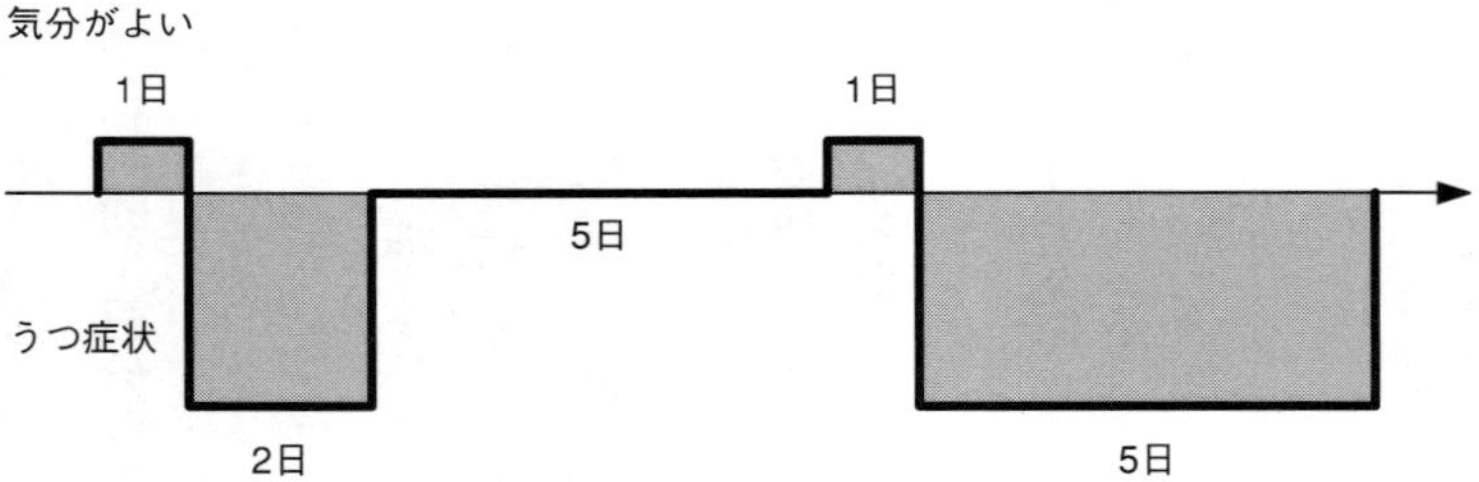

図10 あるケースの２週間の気分の変動（現代型うつ病）

うつ病」に比べ、うつ状態は重くはないが、症状の波がある。症状が絶えず変動しているのが特徴である。

私の印象であるが、**図10**に示したようにすなわち、たとえば2週間なら、良い状態が1日あって、その後しばらくしてまた1日良いという形で計2日は良い状態があり、7日間はうつ症状が強い。心的エネルギーがある程度認められるのが特徴で、周囲から見ると病気には見えないようだ。

Dr.夏目の一言アドバイス

ひと口に「うつ病」と言っても、さまざまなタイプがある。若者に増えている「1.『現代型うつ病（「1」）』とする」と、従来からあり中高年に多い「2.『従来型うつ病（「2」）』の違いを知ってほしい。鑑別のポイントは、以下の4つである。①「1」は薬が効かないが、「2」は効く。②「1」は外罰（周囲が悪い）的に反応するが、「2」は自責（自分が悪い）となる。③「1」は自己愛が強い性格、「2」は几帳面で熱中性のある執着性格である。④「1」は心的エネルギーがあり、病気に見えないが、「2」は生気が乏しい。

3　現代型うつ病にはこう対処

職場が苦慮する言動への対応

「現代型うつ病」の人は、図11に示したように「私がうつ病になったのは、先輩の指導方法がおかしい、分かるように教えてくれないからだ」や、「上司は助言や配慮をしてくれないせいだ」というような、強い怒りを持つことが多い。これを、外罰的な反応と言う。このような反応をぶつけてきた場合、周りの人たちは戸惑ったり、イライラする。職場関係者はどのように対応したらよいだろうか。

■ケース1　外罰反応にどう対応？

まず、「自分は悪くない、周りが悪い！」と「外

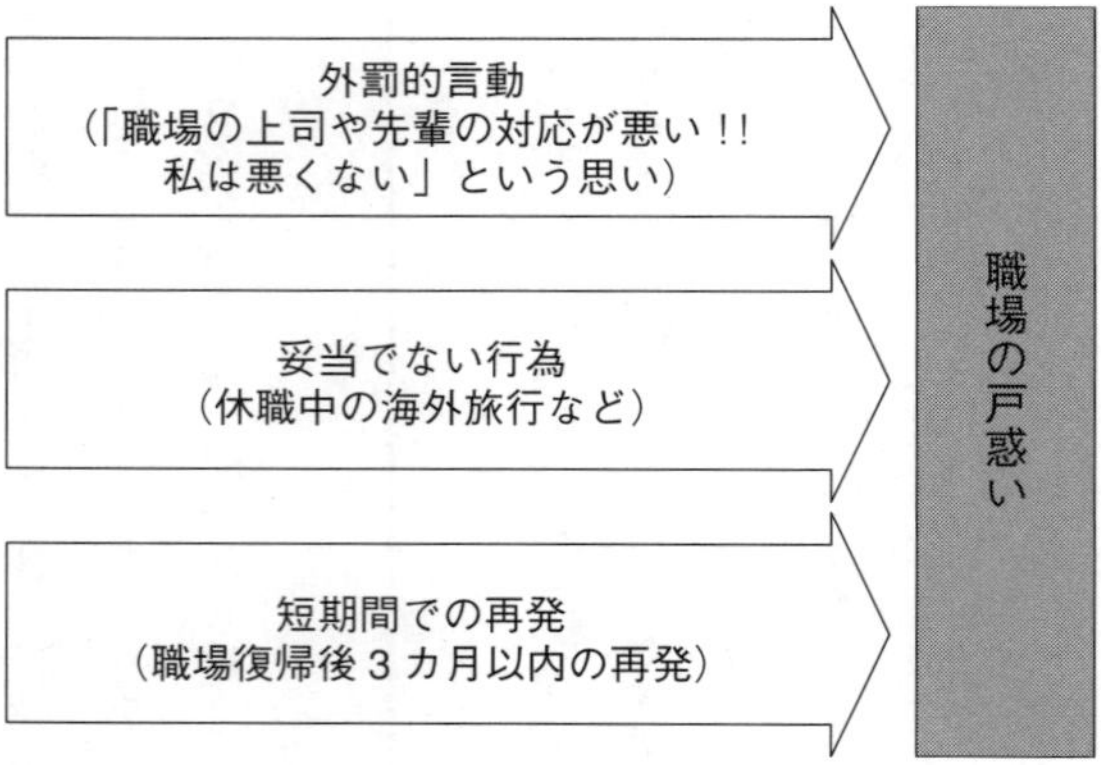

図11　「現代型うつ病」への職場の戸惑い

罰反応」をきたした事例を提示する。職場が対応に苦慮したり、疑問に思っている言動への職場の反応を見ていこう。併せて、それに伴う筆者からのコメントや助言も紹介する。

事例6　24歳の男性、大山さん（仮名）

◇上司からの注意後に発病

大手メーカーに就職して1年目の営業系社員。性格は自称「ネアカ」だが、対人関係への過敏性があった。担当している仕事で顧客からクレームがつき、独断で処理したが、うまくいかなくなった。上司にもクレームが入りきつく注意された。その後、気分が落ち込むとともに怒りがわく。

「顧客とうまくいかない。先輩は自分のやり方を押しつける。言い方が本当にキツい。腹が立つ」、「指導するはずの先輩が助けてくれない。顧客の話を聞けと頭ごなしに言う。」、「上司は私を叱った。親にも叱られたことがないのに、不当だ‼」と怒りに震えながら保健師に訴えた。精神科受診を勧められ「うつ病」と診断され、本人は喜んだ。

職場関係者の見方

① 先輩、34歳の男性、Aさん

われわれも忙しい。先月も80時間残業がある上に、ノルマもきつくて大変だ。大山君の言動には怒りを感じる。先輩から指導された方法を彼にもした。そういうふうに後輩を指導している。それがわが社の伝統だ。ついてこられない大山君のほうが問題ではないか。社会人として甘えている。

【Dr.夏目のコメント】

先輩Aさんも大変なので、このように感情的に反応することもあるだろう。またAさんが、「大山さんが病気であるか、そうでないか」を知っているかどうかにもかかわってくる。もし知っているとすれば、このような発言はよくない。なぜなら、病気に対して、「甘えている」という言葉はダメである。仮に病気でないとしても、仕事がうまくできない後輩に具体的かつ段階的に説明し、理解できるようにさせるのが先輩の役割である。

② 先輩、29歳の女性、Bさん

「うつ病」であると人づてに聞きました。病気だから治療に専念してほしい。大山さんが言っていることは職場の現状から言えば、当たっている面もあります。そこで、私なりに指導について、工夫をこらしてみたが、うまくいっていなかったかもしれない…。今は、それについて考えるよりは、治療に専念し早く戻ってきてほしいです。

【Dr.夏目のコメント】

Bさんの発言は「望ましい対応」だ。感情的に反応するよりも、「まず治療に専念してほしい」という考えは、私と同じである。

③ 上司、40歳の男性、課長Cさん

診断書が出ているので病気だとは思うが…。「うつ病」はエネルギーとパワーがなくなり、気分が落ち込むものと聞いている。でも彼を見ていると、そんなふうには見えない。本当に病気なのだろうか？　彼が、我々に対して怒っているのは心外だ。怒る気力や意欲があるのに、本当に「うつ病」なのか！　私もどうしてよいか、正直、戸惑っている。

【Dr.夏目のコメント】

「大山さんが心の病気である」と分かっていながら、「病気なのだろうか」と疑っている。専門知識がないため、疑問に思うのは分からないでもない。しかし「安全配慮義務」を課せられている上司としては、このような発言は安全配慮義務違反となる。ただ、口には出さないが、職場でこのように思っている上司がかなりいることも事実である。

④ 上司、42歳の男性、隣の課の課長、Dさん

彼が治療を受けているのは知っている。私は人事部が開催したメンタルヘルスセミナーで「現代型うつ病」について学んだ。事例を中心にした分かりやすい講演で理解できた。きっと大山さんは、それに当てはまると思う。「従来のうつ病」の人は自分を責める。若い人に多い「現代型うつ病」は、自分を守るために周りが悪いと反応するのが特徴であるのを、そのセミナーで学んだ。彼の怒りについて論ずるよりは、「病気」なので治療に専念してほしい。

【Dr.夏目のコメント】

上司Dさんの対応は望ましいものである。そうできるためには人事・労務・総務部、あるいは健康保険組合などが開催する「メンタルヘルス研修」、特に「ラインケア教育（部下のメンタル不調の早期発見と対応、職場復帰支援など）」を全社的に行う必要がある。

メンタルヘルスに関する知識は、社員の個人的努力だけでは正確な知識や対応法が分かりにくいし、身につかない。なるべく勤務時間内に研修を行い、対応できるようにしてほ

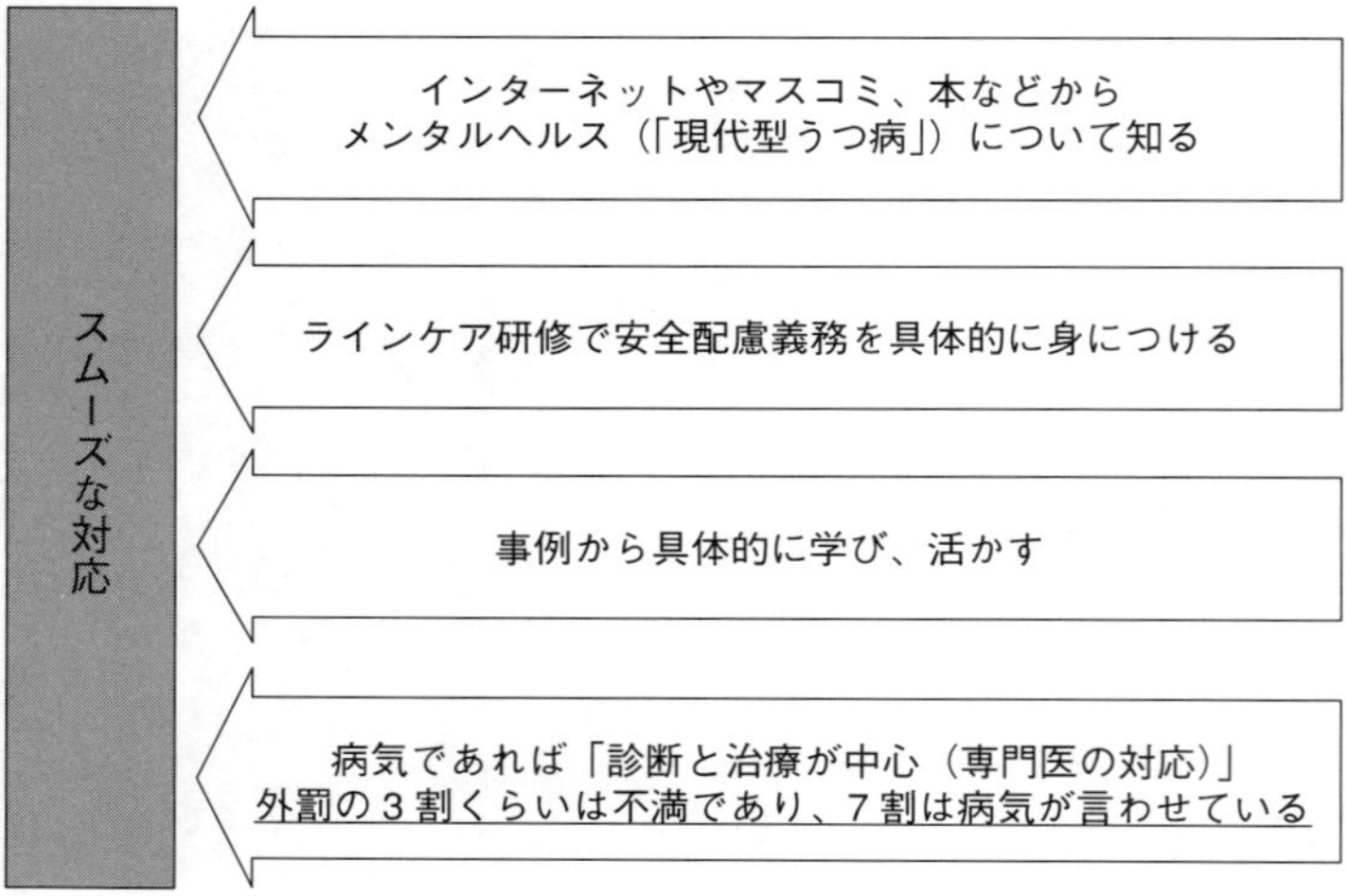
スムーズな対応
インターネットやマスコミ、本などから
メンタルヘルス（「現代型うつ病」）について知る
ラインケア研修で安全配慮義務を具体的に身につける
事例から具体的に学び、活かす
病気であれば「診断と治療が中心（専門医の対応）」
外罰の３割くらいは不満であり、７割は病気が言わせている

図12　「現代型うつ病」への対応法を身につけよう！

しい。それが大山さん、上司、会社にとっても望ましい。

望ましい対応とは

◇安全配慮義務を履行

上司と先輩の発言内容の責任について、まとめる。社員が健康で安全に働けるように配慮する義務（安全配慮義務）が事業者に課せられている。管理監督者はその代行者である。それゆえ、上司は発言に対して責任を問われる。一方、先輩の場合は責任を取るという立場ではないが、「道義的な責任」はある。

◇病気が外罰反応を倍増している

対応で一番重要なのは、**図12**に示したように、メンタルヘルス研修や講演会に

参加し、「メンタル不調」について正しい知識を持ち、理解する。それに基づいて対応することが、「安全配慮義務」の履行につながる。例示の上司Cさんの対応はよくないと考える。

また、外罰反応の強さが10あるとすれば、その内の3割は自身が抱いている、職場への不満であるが、残りの7割は病気が強く言わせているとの理解も必要である。

Dr.夏目の一言アドバイス

「現代型うつ病」の人への職場関係者の言動に対する私のコメントを熟読してほしい。ポイントは、強い「外罰的言動」の本質は、日頃から不満に思っていることが、病気によって2~3倍以上の強さで反応する点の理解である。言動に反発するのではなく、病気が強く言わせていると、理解してほしい。

■ケース2　休職中の海外旅行

休職中に海外旅行や、レジャーを楽しんでいると聞き、戸惑った経験をした読者も少なくないのではなだろうか。そんな時、彼らには、どのように対処したらよいのだろうか。私の対応したケースを紹介するので参考にしてもらいたい。

事例7　20代の吉川加奈さん（仮名）

◇現代型うつ病で「気分反応性」がある

商社に勤務している入社2年目の加奈さんは抑うつ気分や意欲の減退を訴え、「うつ病」で精神科医を受診し治療を受けている。ただ彼女の場合、「うつ病」といっても、中高年者に多い「従来型うつ病」ではなく、いわゆる「現代型うつ病」である。「現代型うつ病」は、「従来型うつ病」に比べ、症状は軽いが長びく。また「気分反応性」と言って「楽しいことがあるとうつ気分は良くなり、嫌なことがあればひどく落ち込む」のが特徴である。加奈さんも「気分反応性」がみられた。

◇休職中のヨーロッパ旅行

「最初は1カ月、次いで2カ月の休養加療が必要」の診断書を書き、治療は抗不安剤と少量の抗うつ剤、睡眠導入剤を投与するとともに、カウンセリングを行った。カウンセリングは、1週間に1回行っている。6回目の診療時に、「ヨーロッパに海外旅行をし、癒やされました」とうれしそうに話したので、以下のカウンセリングとなった。

以下、カウンセリングの内容をドキュメントで示す。ポイントごとに示した。

① 医師や会社に無断で海外旅行に行く

加奈：先生、癒やされたいので5泊6日でヨーロッパに行ってきました。癒やされ、感動して帰りました。
夏目：えっ…。ヨーロッパですか。それも6日間も…。
加奈：良かったですよ。
夏目：あなたは病気療養中ですね。それは医師が診断し、休む必要があることを診断書（公的文書）として書き、会社の承認を得て行っているのです。今、治療中の立場ですよ。薬物療法とカウンセリングしているのです！
加奈：それが何か…（戸惑った様子で…）。良いと思ったから行ったのです！
夏目：癒やされるかどうかより、まず治療ですよ。前回、受診がなかったのは、そのせいですね。

加奈さん：癒やしと気分転換です。病気にも良いですよ！

②「治療」と「癒やし」は違う

夏目：よく聞いてほしいのですが…。旅行、特に海外旅行は健康な人であれば会社に「有給休暇届」を出し、承認を得て行くものです。あなたの場合は、有給休暇（以下、有休）ではないですね。病気だから休んでいるのです。

加奈：有休ではないですね、確かに…。

夏目：療養中の人が、主治医の許可なく海外に行き、もし病気が悪化したらどうなるのでしょうか。海外の病院で保険も違うし…、医療も異なります。言葉も通じにくいですよ。また、「癒やし」と「治療」は違います。「癒やし」は自己判断で行い、効果も自分で感じるものです。そのため有休や休日を利用してするものです。

加奈：そうか…。そうなんだ。

③ルールに気づき、守る必要性

夏目：今、私が言ったことはルールです。まず、会社が定めたルール（例えば就業規則など）を守るのが、社会人の第一歩ですよ。あなたは、診断書に基づく休養加療中の立場であることを自覚してくださいね。ルールがあるから、あなたの治療や収入、雇

あなた、
治療中
なんですよ!
海外旅行に
いってきました〜。
癒やされました…
癒やしと治療は
違うんですから

用が保障されているのですよ。
もし旅行が、ぜひとも必要であるという場合は、主治医である私に判断を求めてくださいね。

加奈：そうか、ルールか。言われてみて、分かりました。ルールを意識したことは今まであまりなかったです。親しい人との行動ばかりでした。学生気分のままですね。

夏目：病気で休んでいる人が、勝手に海外旅行をしていると知ったら、あなたの代わりに、自分の仕事にプラスして「あなたの仕事」をして忙しくしている人はどう思うでしょうか？　気分は良くないですよね。社会通念上はね。「海外旅行に5泊6日で行けるのに、病気なのか!!」と言われますよ。

加奈：分かりました。ひとつ学びました。ルールを知り、守ることですね。

社会性が未熟である若者

事例でポイントや対応を説明した。なぜ、このようなことが頻回に生じるのだろうか。**図13**にポイントを示した。**図14**に示したように若者に多いので、社会性が未熟であるからだ。図示のように、彼らは学校や家庭・地域生活などで「ルールに気づき、守る」ことの必要性がほとんどないのが現状だ。その理由の一つとして、それを身につける「クラブ活動やサークル活動、生徒会」などに参加する人の減少がある。気の合った仲間を中心に生活しているので、それを身につける機会がなかった。また学校教育でも校則やルールを守るように、厳しく言う教師が、残念ながら少数派になった現状もある。

対応──〝人間関係づくり〟から

図14に示したように、職場関係者は病気中の出来事であるから、当面は主治医や産業医の対応に任せることである。職場復帰後には「ルールに気づき、守る」ことについて、教育する必要がある。その場合は〝頭ごなし〟に言うのではなく、ケースの人と「人間関係」ができてから行ってほしい。そうでないと反発を招いたり、逆効果になることが多い。

では「人間関係をつくる」のに、何がポイントになるのだろうか？　最初は「あいさつ」。これはできている場合が多いだろう。次に、「声をかけられるような関係」になり、多少なりとも「雑談」ができるようになってほしい。そこから、「注意ができる関係」になる。まず、雑談ができるようにすることが重要である。

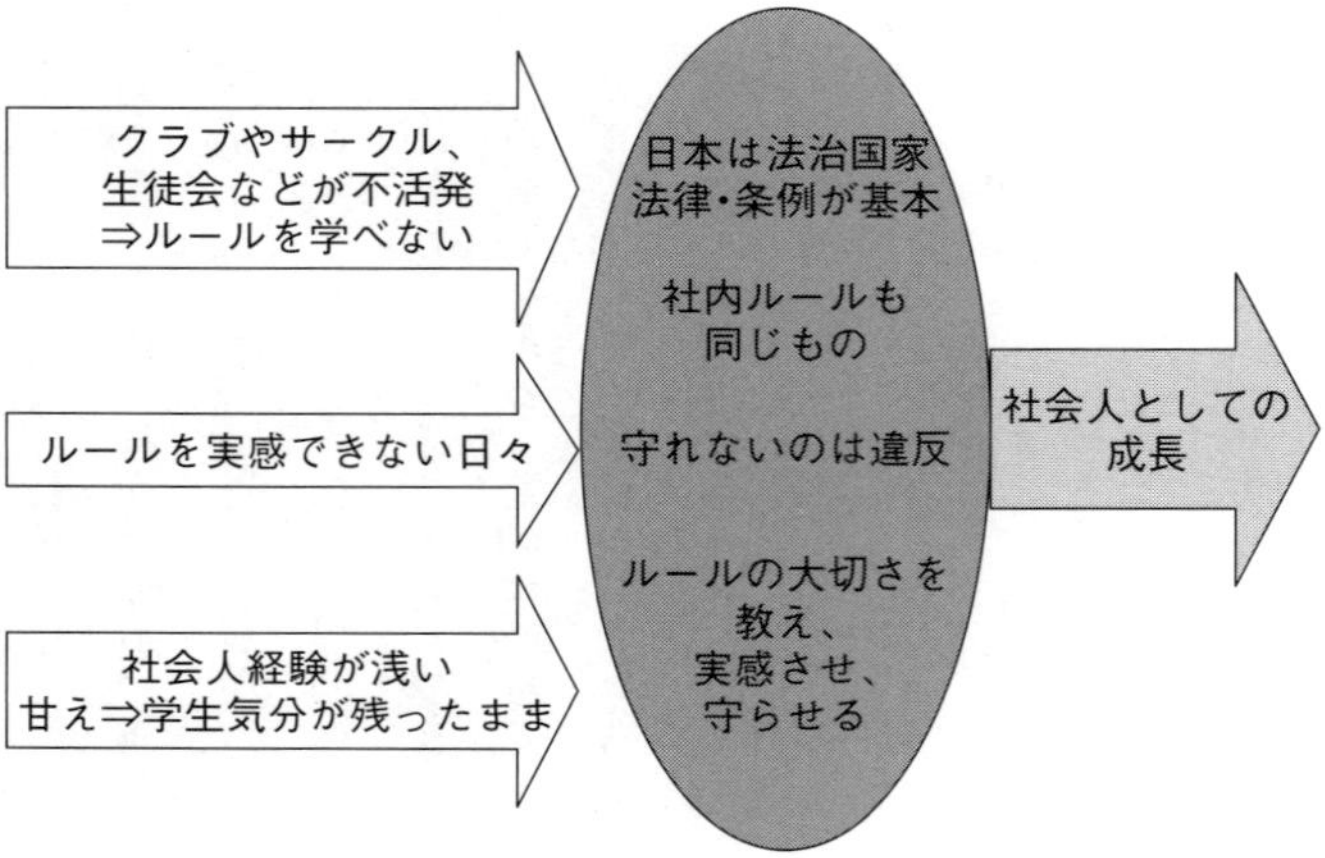

図13　ルールに気づかないのは、なぜ?

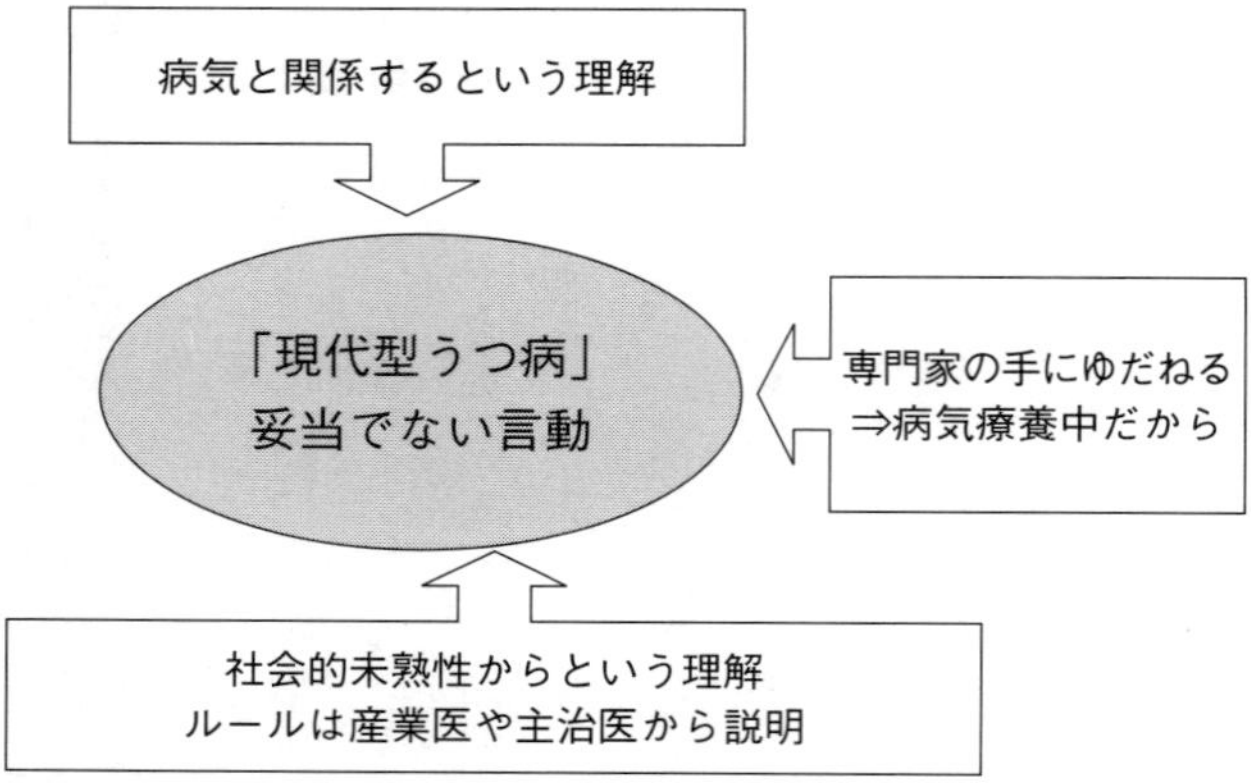

図14　どう考えたらよいのだろうか

Dr.夏目の一言アドバイス

「彼らは縦の人間関係に弱い」という事実を知ることから始まる。またルールについての意識が低い点も重なり、職場関係者は戸惑うのである。まず「ルール」を身につけるようにすることから始める。

機会あるごとに、ルールについて説明する。一度言っただけでは済ませずに、例を示しながら、本当に理解しているか確認しながら数回行うとよいだろう。

■ケース3　短期間再発への対応

「現代型うつ病」の対応上の大きな課題は職場復帰後にすぐダウン、すなわち短期間再発することである。再休職を防ぐために、どのような対応をとるべきだろうか。事例をもとに対応のポイントを紹介したい。

事例8　24歳の女性、山田英子さん（仮名）

◇対人関係に過敏

大学卒業後、大手メーカーに就職して2年目の営業社員の山田英子さん。性格は明るく見えるが、対人関係への過敏性があった。6月頃から気分が沈むようになり、会社に行くのがおっくうになり、時々、欠勤となった。休日も同様な状態である。「仕事への意欲が低下し、集中力が落ちた。体が鉛のように重い。しかし、内科医を受診しても問題はなかった。」と訴えた。主治医から勧められて精神科を受診したところ、「うつ病」と診断された。「私の予想どおり。インターネットで調べたとおりだ」と、山田さんは喜んだ。「職場の先輩や上司の言い方がきつい。教えてくれない。いじめられているみたい。これがストレスになっている」

表4　再発した場合（○はOK、×はできていない）

判断のポイント／内容					
「波」の判断	結果	リハビリテーションの実施	結果	産業医主導の「三者面談」	結果
「中波」の把握	×	生活リズムの確立	6割くらい実施	「職場要因」への対応	○
「小波」の判断	×	事務作業、体力づくり	○	受け入れ態勢	○
		職場出勤練習	×	上司と対象者との対話	表面的である
		職場へのあいさつ	上司と喫茶店で会う、職場には行けない		

◇症状の変動が大きい

主治医は休職させ、治療を行った。まず1カ月半は、自宅でのんびり過ごさせた。抗うつ剤を中心に薬物療法を行う。この間、「過食」や「過剰睡眠」があった。症状に「中波」や「小波」がみられた。良いことがあると「うつ」は軽くなり、嫌なことがあると2週間ぐらい不機嫌な状態が続く「気分反応性」を認めた。また調子が「良いとき」と「悪いとき」が、1週間のうち半々くらいであった。

◇3カ月後に再発

表4にポイントを示した。3カ月目に症状が軽快したので職場復帰のリハビリを主治医は助言したが、あまり実行しない。少なくとも、職場復帰には「生活リズムづくり」が必要と助言し、実行させた。それでも実施度は半分くらい。

「職場へあいさつに行く」ことを勧めたが、「上司と喫茶店で会う」との話であった。現場に顔を出してはいない。産業医による対象者と上司の「三者面談」も形式的なものに終わる。復帰2カ月後に時々、体調の不調を訴えた。3カ月後に、その頻度が増す。職場の対人葛藤を訴え、うつ病が再発し再休職となった。

◇事例の経過　生活リズムの確立

再休職中は、生活リズムづくりを中心に行った。最初1カ月間は、朝の起床がばらばらであった。そこで職場復帰のポイントは「朝の起床時間にある」ことを、さまざまな事例から説明した。山田さんが納得するまで、根気よく対応した。以後、朝の起床時間は一定になった。また、事務作業を行うことと、体力づくりの必要性を説明。理解を得たので1時間の散歩と、図書館での読書とパソコン入力に関して、3時間作業を実行させた。それができた時点で出勤練習を行った。この頃から職場復帰への意欲が出て、スムーズな対応となった。

◇職場へ行く

職場へのあいさつには抵抗があったが、「ここを乗り切ってほしい。復帰には欠かせない！」と助言。何とかあいさつに行けた。産業医との「三者面談」もあり、不満に思っていることを上司に話せた。以上をまとめたのが**表5**である。

表5　再発を防止した場合（○はOK、×はできていない）

判断のポイント／内容					
「波」の判断		リハビリテーションの実施		産業医主導の「三者面談」	
	結果		結果		結果
主治医と連携ができたので「中波」がないと推測できた	○	生活リズムの確立	9割できた	「職場要因」への対応	○
「小波」の判断	○	事務作業、体力づくり	○	受け入れ態勢	○
		職場出勤練習	○	上司と対象者との対話	○ 40分くらい対象者の不満を上司は聞く
		職場へのあいさつ	○ 2回行き、机やロッカーの整理をした		

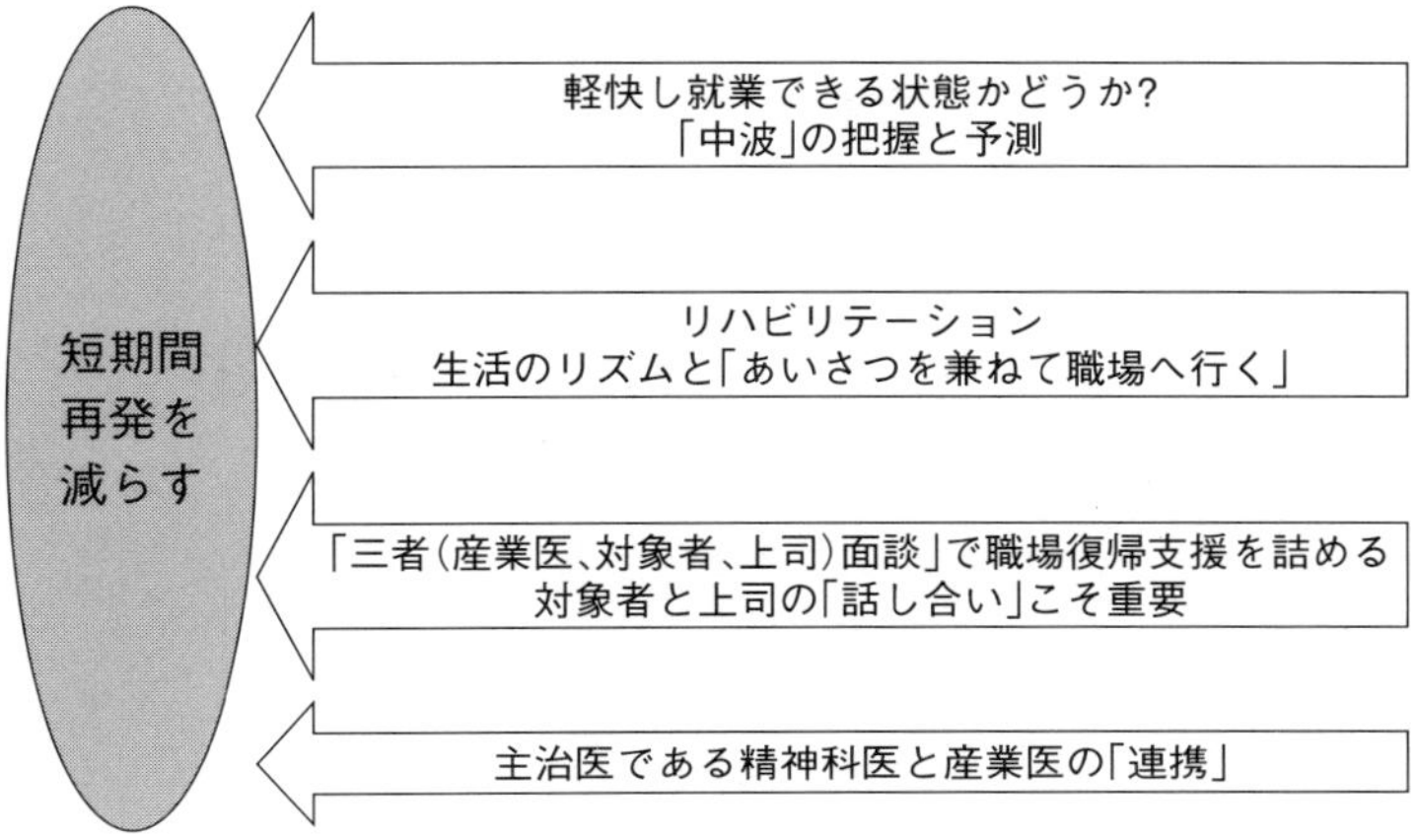

図15　短期間の再発を減らすために

再発を減らすために

再発防止のポイントを、**図15**（前頁）に示した。以下、それに従って説明する。

①　病気の「波」の判断→「中波」の把握こそポイント

「従来型うつ病」は症状の「大波（数カ月単位）」が中心で、「小波」もある。これに対して「現代型うつ病」は「中波」、「小波」、「さざ波」がある。大まかに言えば「中波」は1週間以上続く。「小波」は3日以上の単位。「さざ波」は1～2日単位。再発に関係するのは「中波」である。なぜなら1週間以上続くので、休む必要が生じるからだ。一方、「小波」は3日間くらいなので、「有給休暇」を使えば復帰後でも対応できる。「中波」は対象者の病気の経過観察から把握できる。そのためには、主治医である精神科医と産業医の「連携」が重要になる。

②　職場復帰へのリハビリテーション

以下の4点が中心になる。特に1と4がポイントである。

1．生活リズムの確立。特に、朝の起床時間が、就業時間に余裕を持って行ける午前6～7時になっているかどうか。

2．事務作業のトレーニングは3時間くらいは必要。また、散歩や体操などで体力づくりも行う。

3. 職場出勤練習を昼間の時間帯に2回くらい、ラッシュ時に1回行う。

4. 職場へのあいさつは重要。対象者の不安や緊張度は高い。だからこそ、これができていないと職場復帰は難しい。最低でも1回、できれば2回、行くのがよい。

③ 産業医主導の「三者面談」

以下の3点を中心に行う。

1. 「職場要因」への対応であるが、産業医と上司が協力しながら対応する。次に「職場が悪い」などの外罰性がある場合は、その内容を検討する。

2. 復帰の受け入れ態勢の構築であるが、最初は「定型業務」を行う。それが8割くらいできれば、「本来業務」に戻すのがよい。

3. 対象者と上司の対話を重視する。意見の食い違いの調整役を産業医が行う。なぜなら両者にコミュニケーションが少ないケースが多いからである。

Dr.夏目の一言アドバイス

「現代型うつ病」の大きな課題は職場復帰後にすぐにダウン、すなわち「再発」することである。主たる要因は、1．病気の「中波（うつ状態が1週間以上続く）が来た場合、2．リハビリテーション（①生活リズムの確立、②あいさつを兼ねて職場に行く、③出勤練習）が不十分、3．産業医主導による「三者（産業医、対象者、上司）面談」がないか不十分、に集約される。

ポイントになるのは症状の「中波」の把握と予想、職場にあいさつに行く、「三者面談」の実施にある。そのうち2つ欠ければ再発率は高く、1つでも3分の1くらい再発が予想される。

第4章のまとめ

職場関係者は見方や対応のコツを把握する

ここでは増加しているが、職場関係者などが誤解しやすい「適応障がい」や「現代型うつ病」について、医学的な知識のない読者にも理解できるように事例を中心に解説した。彼らがおかれている背景や考え方、次にポイントになる医学的知見をしっかり把握し対応に結びつけてほしい。

ストレスチェック制度導入で、関わりが増す

メンタルヘルス対策のポイントは、職場ストレスや個人が抱えるストレスに気づき早めに対処する事である。厚生労働省が労働安全衛生法を改正し実施を決めたストレスチェック制度の目的と一致する。

制度が職場に導入されると、高ストレス者に実施される「医師の面接指導」などを通して、こうした「適応障がい」や「現代型うつ病」などの社員の対応に迫られる人事総務担当者や管理監督者が増えてくると思われる。その際は、本章で紹介した対応を参考に、困惑しないよう対処してほしい。

次章では、新しく導入されるストレスチェック制度のポイントを簡単に説明する。

第5章 ストレスチェック制度

これからのメンタルヘルス対策の大きな柱となるストレスチェック制度。個人のストレスを健康診断のように職場で毎年チェックすることとなる。どのようなものなのか不安に思う方も多いだろう。導入を前に、理解が深まるよう解説する。

平成26年6月25日に公布された労働安全衛生法の一部を改正する法律において、医師、保健師等による「心理的な負担の程度（ストレス）を把握するための検査（以下「ストレスチェック」という。）を実施することなどを事業者の義務（労働者数50人未満の事業場については当分の間努力義務）とする新たな制度が導入された。

本章は、実際に導入が図られた場合の職場をイメージして、解説を加えていく。制度の実施義務は、平成27年12月からとなる。

1　ある日、職場にストレスチェック実施の掲示

ある事業場の社内の掲示板に『当社は法律に基づいてストレスチェックを実施することになりました。社員の方々は、なるべく受けるようにしてください』と書かれ、日時と場所が記載されていた。

事例1　40歳の営業職の香川さん（仮名）

入社して20年目の営業職の課長補佐。妻と子どもが2人の4人家族。ここ数カ月、新製品の営業強化にともなって多忙。イベントのための休日出勤もあり、時間外労働が

100時間を超える月が続く。

掲示板に紹介されていたストレスチェックについて、彼は受けようかどうか迷っている。なぜなら健康診断のように義務ではないようであるし、どんなチェックを受けるのかよく分からないからだ。会社はその結果をどう利用するのだろうか？　管理職の登用を控えて人事評価や処遇に影響があるのではないかとの不安もある。妻に相談したところ、「疲れがたまっているようだし、深く考えずに受けてみては？」と言われた。

事例2　29歳の事務職の桜木花子さん（仮名）

入社9年目の事務職の桜木さん。中堅どころで、直属の上司が他部署と兼務となり、自分の業務の負担が増え、多忙で疲れ気味であった。ストレスをチェック？　と言われてもピンとこない。『なるべく』と書いてあるが、受検しなかったらペナルティがあるのだろうか？　また、現在のやる気が出ない感じが、心の病気のせいだったら…。そのときは、万一のときに将来のリストラ候補に名前があがってしまうのだろうか…と不安に思っている。

◇新しい制度に社員は戸惑う

ストレスチェックと聞き、香川さんや桜木さんのような不安を抱くことは、十分に予想される。事業者は、まず目的をきちんと社員に説明し、理解してもらうことが必要だろう。そうすれば、不安や戸惑いがなくなり、受検を控えてしまうようなこともなくなる。また、受検によって社員が不利益、デメリットを被ることがないよう、保証される仕組みもあることも十分説明し、理解を得る必要がある。

◇気づきや対応のツールとして活用

「ストレスチェック制度」の目的の一つは、自分の心理的負担の程度、すなわちストレス状態に気づき、休息や気分転換などの対応法を検討（自分で行えるのでセルフケアと呼ぶ）することである。私の経験から言えば、働く人々は、意外と自身のストレス度に気づいていないことが多い。ストレスへの気づきや対応（専門的に『一次予防』と言う）のために受検し、年に1回、毎年受検すれば、「経年変化」も分かり体調の変化を把握するのと同様に有用である。

実際に実施を行う者は、総務や人事部門とは異なるものが行い、守秘義務が課せられている点もポイントになる。実施は医師や保健師などの専門職が行う。事例の香川さんや桜木さんが心配するような、本人の同意なく総務や人事などに情報が漏れ、処遇や評価に影響することはないという点も、十分に社員に知らされる必要がある。

◇病気の早期発見が目的ではない

　事例2の桜木さんは、最近の自分の状態について、疲れがたまっていると自覚している。それが身体的なものか、ストレスによるものかが分からず、不安になっている。「ストレスチェック」を受けることで、〝気づき〟ができるため、不安が減ることになる。「病気」を心配しているが、「チェック」は「うつ病などの病気の早期発見」が主目的ではないため、安心して受検してよいのだ。

　以下、ストレスチェックの概要を紹介し、解説を加えていく。

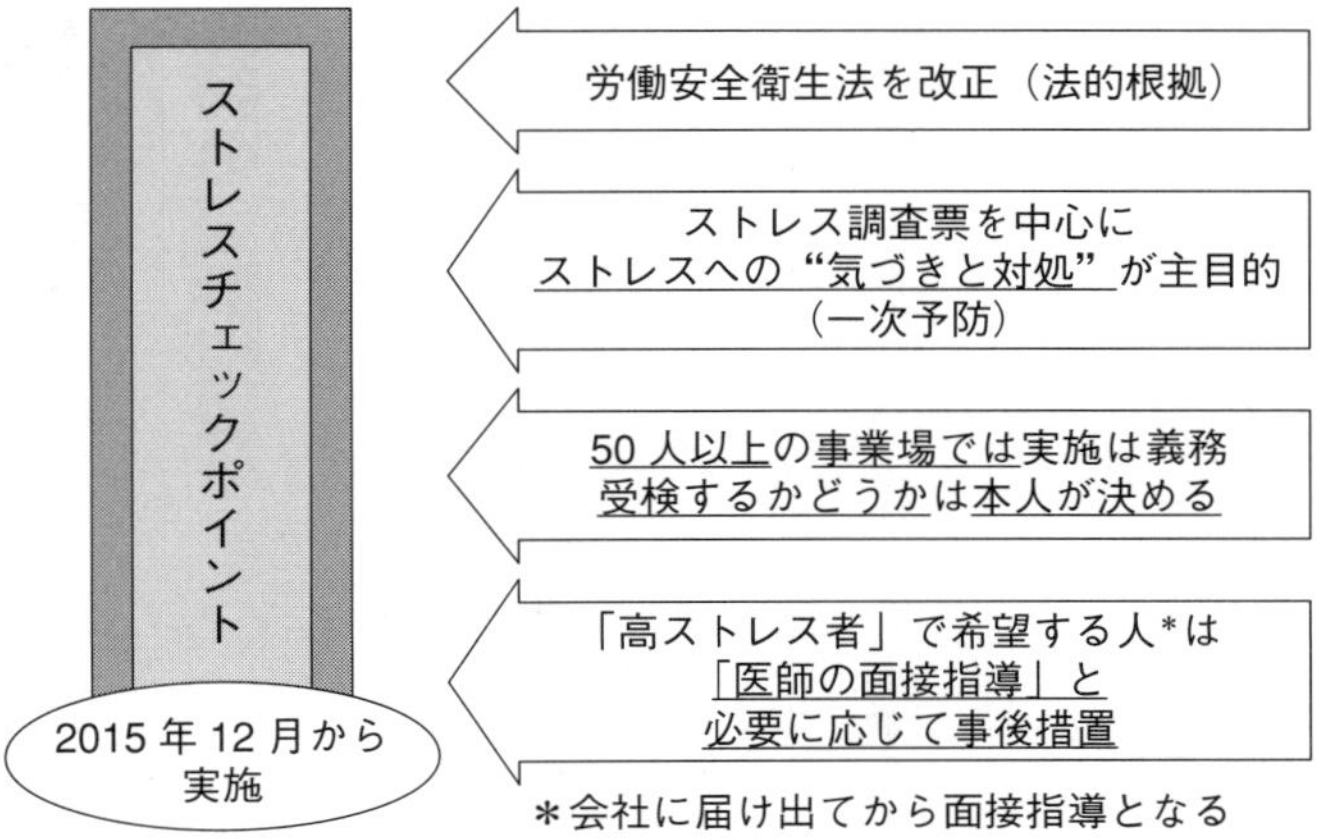

ストレスチェックポイント
2015年12月から実施
労働安全衛生法を改正（法的根拠）
ストレス調査票を中心に
ストレスへの“気づきと対処”が主目的
（一次予防）
50人以上の事業場では実施は義務
受検するかどうかは本人が決める
「高ストレス者」で希望する人*は
「医師の面接指導」と
必要に応じて事後措置
*会社に届け出てから面接指導となる

図1　ストレスチェック制度のポイント

2　ストレスチェック制度の全体像

“高ストレス”なら会社に届け出て“医師の面接指導”

◇目的

ストレスチェック制度の目的は、前述したように定期的に労働者のストレスの状況について検査を行い、本人にその結果を通知して自らのストレスの状況について気づきを促すことであるが、そのほかにも、、検査結果を集団ごとに集計・分析し、職場におけるストレス要因を評価し、職場環境の改善につなげることで、ストレスの要因そのものも低減させる目的がある。また、病気の不調、発見が目的ではないが、メンタル不調のリスクの高い者を早期に発見し、医師による面接指導につなげることで不調を未然に防止することができる。

◇実施の流れ

制度の流れを**図2**に示す。指針では「職業性簡易ストレス調査票（57項目、簡易版は23項目）」の使用を推奨している。調査票の抜粋を**表1**に示す。下記のような4件法で、該当するところに○印をつければ良いだけであり、受検者の負担は少ない。結果は本人に通

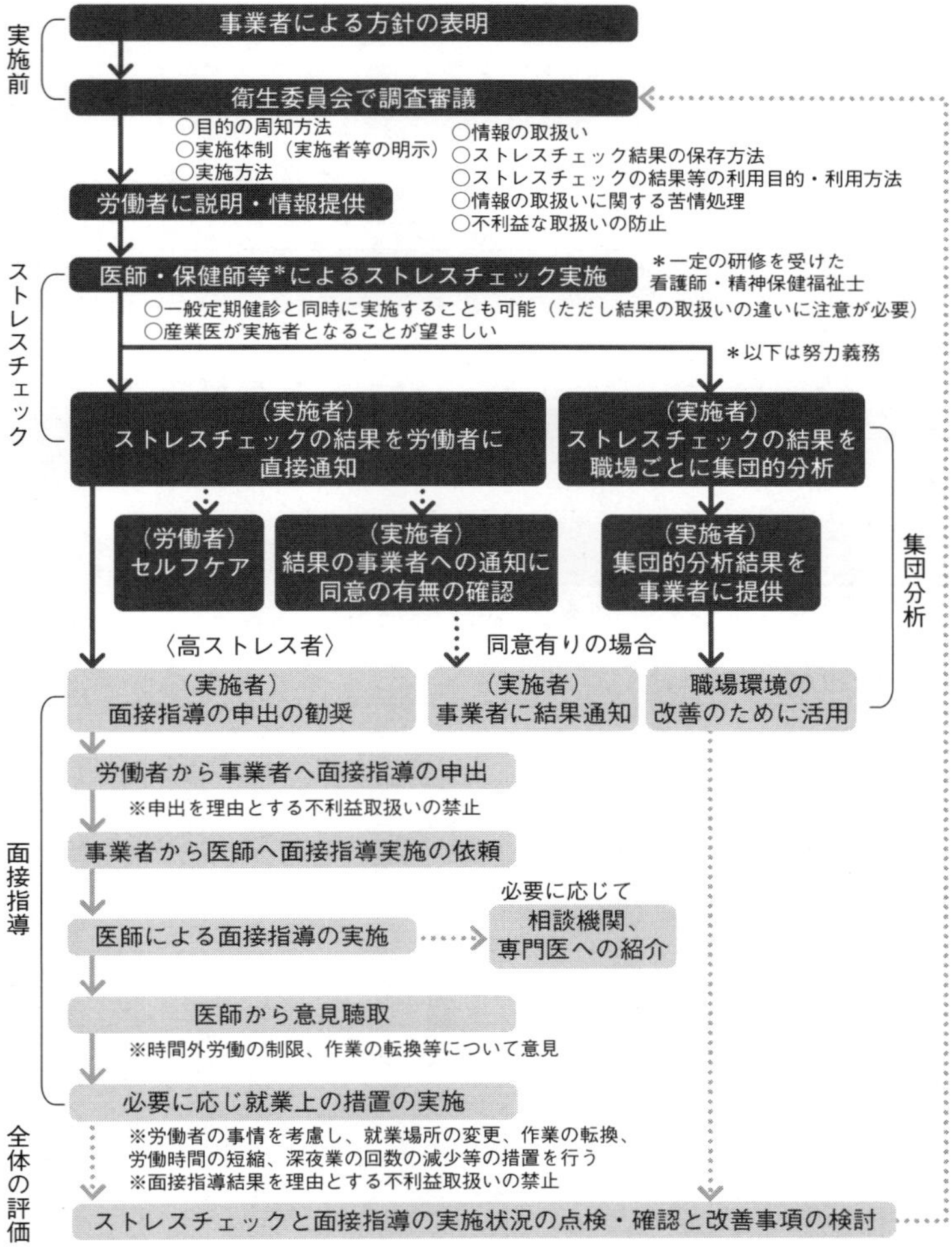
実施前
事業者による方針の表明
衛生委員会で調査審議
○目的の周知方法
○実施体制（実施者等の明示）
○実施方法
○情報の取扱い
○ストレスチェック結果の保存方法
○ストレスチェックの結果等の利用目的・利用方法
○情報の取扱いに関する苦情処理
○不利益な取扱いの防止
労働者に説明・情報提供
ストレスチェック
医師・保健師等*によるストレスチェック実施
*一定の研修を受けた看護師・精神保健福祉士
○一般定期健診と同時に実施することも可能（ただし結果の取扱いの違いに注意が必要）
○産業医が実施者となることが望ましい
*以下は努力義務
（実施者）ストレスチェックの結果を労働者に直接通知
（実施者）ストレスチェックの結果を職場ごとに集団的分析
（労働者）セルフケア
（実施者）結果の事業者への通知に同意の有無の確認
（実施者）集団的分析結果を事業者に提供
集団分析
〈高ストレス者〉
同意有りの場合
（実施者）面接指導の申出の勧奨
（実施者）事業者に結果通知
職場環境の改善のために活用
面接指導
労働者から事業者へ面接指導の申出
※申出を理由とする不利益取扱いの禁止
事業者から医師へ面接指導実施の依頼
必要に応じて
医師による面接指導の実施
相談機関、専門医への紹介
医師から意見聴取
※時間外労働の制限、作業の転換等について意見
必要に応じ就業上の措置の実施
※労働者の事情を考慮し、就業場所の変更、作業の転換、労働時間の短縮、深夜業の回数の減少等の措置を行う
※面接指導結果を理由とする不利益取扱いの禁止
全体の評価
ストレスチェックと面接指導の実施状況の点検・確認と改善事項の検討

図2　ストレスチェック制度の流れ
（出典：厚生労働省 ホームページより。一部改変）

表1　職業性ストレス簡易調査票から抜粋

A. あなたの仕事についてうかがいます。最もあてはまるものに○をつけてください。				
	そうだ	まあそうだ	ややちがう	ちがう
1. 非常にたくさんの仕事をしなければならない	1	2	3	4
2. 時間内に仕事が処理しきれない	1	2	3	4
B. 最近1か月間のあなたの状態についてうかがいます。最もあてはまるものに○をつけてください。				
7. ひどく疲れた	1	2	3	4
8. へとへとだ	1	2	3	4
	非常に	かなり	多少	全くない
C. あなたの周りの方々についてうかがいます。最もあてはまるものに○をつけてください。				
次の人たちはどのくらい気軽に話ができますか？				
1. 上司	1	2	3	4
2. 職場の同僚	1	2	3	4

知される。「高ストレス」とされた人で「医師の面接指導（産業医が望ましい）」を希望する人は会社に届け出て、日程調整後に面談を受ける。面接で、「うつ病」などの病気が考えられる場合は専門医への紹介、あるいは長時間労働などで業務負担が大きい場合は、医師からの意見聴取後に、事業者などが①業務を減らす、②配置転換などの「事後措置」を取るようになっている。

◇受検が望ましい

受検は、強制ではない。受診義務のある健康診断とは異なり、受検するかどうかは本人による。しかし専門家の立場から言えば、年に1回受検し、気づきと対応を行うことは健康保持のためにも必要である。

言うまでもなく実施者などが「守秘義務」があることに関して規定が盛り込まれている。

3 実施の第一歩は衛生委員会で審議

ストレスチェックを実施するにあたり事業場は、次の11項目に関して衛生委員会に諮問し、審議する。こうした一つひとつの審議の過程を経て、事業場内で制度目的が周知され、個人情報の保護や不利益取扱いを受けることなく、労働者が安心してストレスチェックを受けることができるようになる。それぞれの事業場の実情に合わせた取り組みが検討され、運用が整備されていく。

◇目的（セルフケアなど）や実施体制、使用する調査票など

①ストレスチェックを実施する目的の周知方法（労働者自身によるセルフケアおよび職場環境改善を通じメンタル不調の未然防止を図る一次予防を目的としたものであって、不調者の発見が一義的な目的ではないという法の目的の明示。）
ストレスチェックはメンタルヘルスチェックと混同されやすい。すなわち「うつ病」

などの病気の早期発見が目的と誤解されやすい。あくまでも「心理的負担、ストレスに限った気づきと対処のセルフケアおよび職場環境改善」が目的である。このことの周知徹底が大切である。

②ストレスチェックの実施体制（実施者、共同実施者、および実施事務従事者（実施者を除く）の明示。）

実施者は産業医や保健師などであって、会社ではないことの周知徹底が必要である。

③ストレスチェックの実施方法（使用する調査票、評価基準・評価方法を含む。）

調査票は、紙ベースの調査票で行うか、ホームページの〝ウェブサイト〟の利用がよいかも、審議する。

◇保存や情報の取扱い、守秘義務など

④個人のストレスチェック結果に基づく集団ごとの集計・分析の方法（分析対象とする集団の規模の基準を含む。）

集団分析は努力義務であるから、できる企業から行っていくとよい。

⑤ストレスチェックの受検の有無の取扱い（事業者による把握、受検勧奨を含む。）

受検の有無は把握されるが、ストレスチェックの内容は労働者の同意なく、事業者に伝わることはない。

⑥**実施事務従事者による個人のストレスチェック結果の保存方法**（保存者、保存場所、保存期間、セキュリティの確保を含む。）

⑦**個人のストレスチェック結果、面接指導および集団ごとの集計・分析結果の利用方法**（本人への通知方法、ストレスチェックの実施者による面接指導の申出の勧奨、集団的な分析結果の共有範囲、ストレスチェック結果の事業者への提供内容および労働者の同意の取得方法を含む。）

⑧**ストレスチェックの実施者または事業者による個人のストレスチェックに係る情報の開示、訂正、追加または削除の方法**（開示等の業務に従事する者の守秘義務を含む。）

⑨**ストレスチェックに係る情報の取扱いに関する苦情の処理方法**

⑩**労働者がストレスチェックを受けないことを選択できること**

⑪**ストレスチェックに関する労働者に対する不利益取扱いの防止**に関すること

4 〝医師の面接指導〟からイメージ

事例1の2　会社に届け出て「医師の面接指導」を受けた香川さん

香川さんは専属産業医（ストレスチェックの実施者）が中心に行ったストレスチェッ

クを受けた。1カ月後に郵送で結果通知があった。そこには「高ストレス」と書いてあり、専属産業医の『面接指導が必要である』との記述があった。会社に面接指導を申込み、面接となった。

◇『仕事のストレス要因』と『心身のストレス反応』が高かった

香川：「ストレスチェック結果を見てびっくりしました。私は病気なんでしょうか。疲れがたまって無理をしているとは思っていましたが、急に不安になってきてしまって…」

産業医：「あなたの心理的負担、ストレスといいますが『判定基準』では、高い状態と言うことです。3要因のうち、『仕事のストレス要因』と『心身のストレス反応』が高かったですね。休養が日々、とれていますか？疲れが残っていませんか？」

香川：「多忙で休日で疲れをとるようにしていますが。休日出勤があったり休みがとれても子どもの用事で休めている感じは…。疲れはたまっているかも…。」

産業医：「疲れているようでね。それで『高いストレス』となったのでしょう。睡眠時間はどうですか。今の5～6時間では少ないように思います。もう少し早めに寝て睡眠を確保してくださいね。」

香川：「なるべくそうします。」

産業医：「それだけでもストレスは減りますよ。」

産業医は、専門医の診断までは必要な状態ではないものの、毎月100時間以上の残業の多さから、ストレスの負荷を軽減する必要があると考え、事後措置を検討。産業医は、人事部や職場関係者と面談し、残業や休日出勤の削減を提言した。

5 保健師などにも相談ができる

事例2の2　結果が気になった桜木花子さんは、保健師を訪ねる

ストレスチェックを40日前に受けた。郵送されてきた結果通知書に「『高ストレス状態』です。『医師面談』もあります」と書いてあったが、「医師面接指導」には抵抗があった。どうしようかと考え同僚にも相談した。その結果、健康診断で顔見知りの保健師の吉田さんが面談を行っている相談室にフラリと訪れ、相談した。

◇保健師に話を聞いてもらい、気が楽になる

保健師の吉田さんは、40分くらいかけ桜木さんの話をじっくり聴いた。内容をまとめると、以下のとおり。①職場ストレスとして最近、仕事量が増えたが、何とか対応できる。②ストレスの対処方法として、桜木さんが気分転換に行っているエアロビクスや散歩で良いのだろうか、であった。

保健師は仕事量について検討したが、特に問題はなかった。気分転換は今のままで良いのではないかと応答した。桜木さんは「聞いていただきスッキリした。ものすごいストレスでないことも分かり、ホッとした」と言う。表情も柔らかくなっていた。

吉田保健師は「健康上、何か心配なことがあれば、医師の面談も受けてみてください。また、気楽に相談にきてくださいね」と告げた。

第5章のまとめ

ストレスチェック制度の導入により、職場のメンタルヘルス対策はこれからどのように変化していくのだろうか。大きな違いは、事業者の努力義務から、実施が義務化された、という点である。これは、大きな転換といえる。

ストレスチェックで「高ストレス」者と判定された人は、会社に届け出れば、「医師の面接指導」が受けられることを骨子にしている。

「ストレスチェック制度」に関して不安に思っている人が多いようである。初めての制度であるから、知識が少ないゆえの不安や誤解が多いと推察する。制度は、「うつ病」などの病気の早期発見ではないことも知っておいていただきたい。また、実施者は会社でなく、医師や保健師などの専門職であり、守秘義務が課せられている点も知っておいてほしい。

自分のストレスの程度を知り、もし「高ストレス」であれば社員にとって「医師の面接指導」が無料で就業時間内に受けられるメリットも大きい。新たな試みであり、事業場では衛生委員会や広報などで通じて周知を図ることが大切である。

※本章は、「厚生労働省、労働安全衛生法に基づくストレスチェック制度に関する検討会報告書」を参考に著者がまとめた。事例はイメージできるように作成した。

おわりに

本書をお読みいただいた読者は、変化し続ける職場の様相やメンタルヘルスの全体像、それに対応するための流れが見えてきたのではないだろうか。心身の不調のＳＯＳをキャッチする、〝気づき力〟があなたにも備わってきたと実感できるだろう。

39年間10社でメンタルヘルス活動を行った自信作

本書は中央労働災害防止協会発行の月刊誌「安全と健康」に3年にわたり掲載したものをまとめたものである。また第5章の「ストレスチェック」の章は新たに書き加えた。

連載執筆中は、「専門家でない私にも分かる、読みやすい」、「現代型うつ病が多少なりとも理解できた」、「事例で具体的な内容がイメージできた。対応の流れがつかめた」などの感想をいただき、読者の期待に応えることができる楽しい仕事であった。私としても39年間、10社における職場のメンタルヘルス活動の経験と理論に基づき執筆した内容であり、自信をもってお勧めできる。

稿を終えるに当たり、雑誌掲載中から励ましやヒントをいただいた中央労働災害防止協会「安全と健康」編集担当の道野真貴子さん、出版課の結城ゆりさんに感謝の気持ちをささげたい。また、インパクトのあるイラストを描いていただいたエダりつこさんにも感謝します。

本書が多くの職場関係者に読まれることを切に願ってペンを置く。

平成27年4月

気づき力で変化をキャッチ
ちょっと先読むメンタルヘルス

平成 27 年 5 月 13 日　第 1 版第 1 刷発行
著　者　　夏目　誠
発行者　　阿部研二
発行所　　中央労働災害防止協会
東京都港区芝 5 丁目 35 番 1 号
〒 108-0014
電話　販売　03(3452)6401
編集　03(3452)6209
イラスト　エダりつこ
デザイン　キープロクリエイティブ（株）
印刷・製本　新日本印刷（株）

ISBN978-4-8059-1615-5　C3060
中災防ホームページ　http://www.jisha.or.jp/